WORD SEARCH

FOUND IT!

DID YOU KNOW...?

WITH FUN FACTS

AND

SILLY JOKES

LOL!

101+ FUN AND STIMULATING ACTIVITIES
FOR EARLY READERS AND SMART KIDS

AGES 6-10

HOW TO PLAY

The goal of the word search puzzle is to find and mark all the listed words hidden inside the letter grid.

The words may be spelled forwards or backwards, and placed in the grid horizontally, vertically, or diagonally.

Example

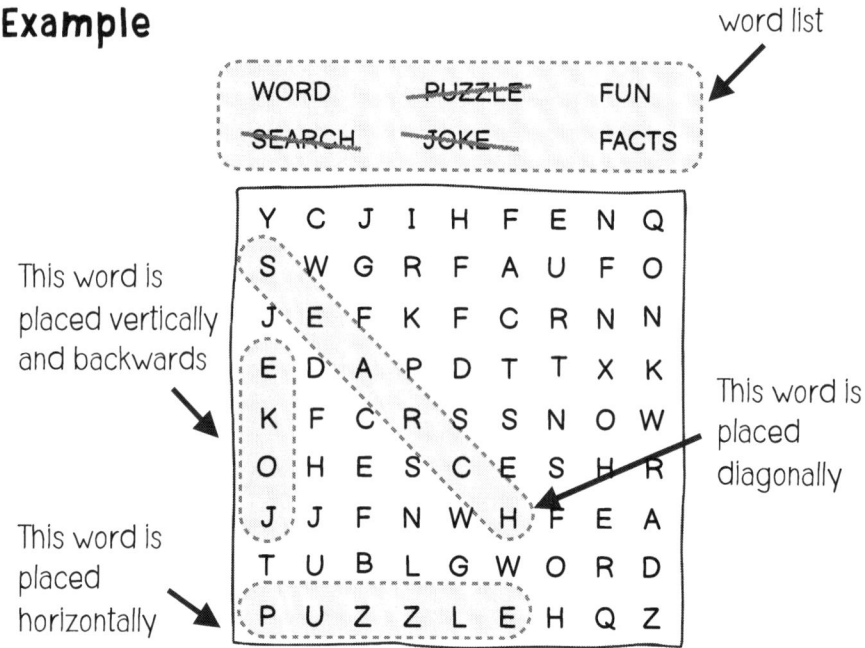

Strategies to use if you get stuck

a. Use your finger or a pencil to help you focus when going through the grid.

b. Go through the whole grid from left to right (or top to bottom) and look for the first letter of the word. Once you find one, scan the eight squares surrounding it for the 2nd letter of the word.

c. Look for letters that stand out in the grid within the listed word, such as O, Q, J, X, and Z.

d. Ignore the word list, search the grid to find any words, and see if they are in the list.

e. Look for double letters in the listed word because it is easier to spot two identical letters side-by-side.

Difficulty Levels

The star system in this book tells you the difficulty level of each puzzle. In each level, the puzzles with a half star are slightly more difficult than the ones without.

Stars	Level	Description
★☆☆☆☆ / ★½☆☆☆☆	Training	Just to start you off.
★★☆☆☆ / ★★½☆☆☆	Easy	It's a walk in the park.
★★★☆☆ / ★★★½☆☆	Normal	You're getting the hang of it.
★★★★☆ / ★★★★½☆	Hard	It's a bit tricky.
★★★★★	Extra Hard	It's an uphill battle!

Make it more fun — Compete with your family or friends and see who finds all the words first!

Puzzle 1

FARM ANIMALS

COW ✓   PIG ✓   HORSE ✓
RABBIT ✓   GOAT ✓   DOG ✓
DUCK ✓   SHEEP ✓   CHICKEN ✓

V	C	H	I	C	K	E	N	B	L
I	F	T	R	F	J	X	C	O	W
Q	J	D	N	D	N	R	H	Q	V
S	G	O	F	A	K	A	V	K	F
H	F	G	S	K	W	B	Z	X	G
S	H	E	E	P	E	B	J	M	O
O	D	T	E	R	X	I	O	G	A
D	U	A	L	V	J	T	B	I	T
Y	C	C	P	I	G	O	B	Z	J
Y	K	P	V	H	O	R	S	E	W

Why doesn't the **farmer** know how many **sheep** he owns?

Puzzle 2

RAINBOW

RED ✓ GREEN ✓ VIOLET ✓
ORANGE ✓ BLUE ✓ RAINBOW ✓
YELLOW INDIGO ✓

F	V	E	Y	X	Q	P	C	H	C
H	A	T	E	U	W	N	I	Q	G
T	Y	X	L	C	B	K	N	N	R
R	E	D	L	V	L	N	D	T	E
K	A	W	O	B	U	C	I	V	E
E	B	R	W	V	E	M	G	J	N
D	Z	Q	N	B	S	R	O	V	K
P	K	B	O	R	A	N	G	E	G
V	I	O	L	E	T	S	V	C	Q
S	R	R	A	I	N	B	O	W	A

Because he **falls asleep** every time he tries to count them!

Puzzle 3

OUR BODY

EYE ✓   HAND ✓   LEG ✓
NOSE ✓ HAIR ✓   ARM ✓
TOOTH ✓ FOOT ✓   EAR ✓

P	H	L	G	V	H	L	O	V	Z
S	A	J	G	F	A	Z	N	P	M
J	I	F	W	A	L	V	O	T	K
I	R	X	T	E	E	X	S	W	K
H	A	N	D	C	G	X	E	D	P
C	V	M	W	G	A	P	D	L	O
A	R	C	O	V	E	Y	E	Z	Y
R	H	E	A	R	Y	F	S	D	M
M	F	W	M	E	T	O	O	T	H
F	O	O	T	J	B	H	J	L	R

There are **more than 7,500** known cultivated varieties of apples.

Puzzle 4

FRUITS

- APPLE
- PEAR
- PLUM
- GRAPE
- PEACH
- LEMON
- CHERRY
- BANANA
- MANGO

P	E	A	R	U	W	W	A	R	M
A	P	L	N	Z	X	Z	P	U	A
E	L	X	G	W	J	M	P	C	N
U	U	H	R	Z	T	N	L	N	G
S	M	C	A	O	X	H	E	N	O
L	K	H	P	A	P	E	A	C	H
E	E	E	E	U	I	P	G	D	K
M	H	R	T	P	N	C	Y	F	X
O	F	R	B	A	N	A	N	A	J
N	G	Y	I	T	Q	C	Y	G	O

They are bred for uses such as **cooking**, **eating**, and **cider making**.

Puzzle 5

INSECTS

BEE   WASP   FLY
BUTTERFLY ANT   LADYBUG
BEETLE   MOTH

B	L	A	D	Y	B	U	G	C	N
E	C	A	U	G	O	K	F	U	G
E	T	J	H	D	K	B	L	T	V
T	S	Y	H	L	B	O	Y	P	R
L	W	A	S	P	E	M	T	R	E
E	I	M	O	M	E	Y	C	Z	R
A	N	T	X	V	L	M	O	T	H
Y	D	H	G	T	Q	Q	B	N	G
F	B	U	T	T	E	R	F	L	Y
H	E	W	V	L	R	M	J	I	Z

What's the difference between a **butterfly** and a **fly**?

Puzzle 6

BAKING

EGG	BUTTER	OVEN
FLOUR	SUGAR	WHISK
MILK	SALT	

```
G M P V J C O V E N
A F O R U V S L V B
K L X N G B E C I L
J O S P G H G R S H
X U C E W S G C Y N
S R W G H O L Q D X
A U K I I S U G A R
L A O V S J C N R E
T U S K K L M I L K
Z B U T T E R O H X
```

A **butterfly** can fly, but a **fly** can't butterfly.

Puzzle 7

FIRST WORDS

BIG   BALL   YOU
RUN   TOY   MOM
BOY   STOP   PLAY

B	F	G	R	U	N	S	I	I	O
I	T	F	Z	Y	C	S	A	Y	Z
G	G	E	D	I	W	T	D	O	V
J	D	J	E	B	O	Y	B	U	R
O	S	D	X	O	N	Y	B	F	H
V	B	A	L	L	S	G	P	X	T
S	G	Q	H	Z	C	Z	L	V	O
S	T	O	P	P	D	F	A	U	Y
L	U	E	M	O	M	R	Y	A	O
L	D	V	B	L	N	T	M	E	C

A day is actually about **4 minutes less** than 24 hours. It takes

Puzzle 8

TIME OF THE DAY

MORNING   DAWN   AFTERNOON
NOON   MIDNIGHT   EVENING
NIGHT   DUSK

```
U N O O N E S Z M I
Q E L T I V R X I D
L Z D F D E P K D C
W L U W D N H X N J
Y J S B X I P B I N
T G K Y C N R D G I
U Y N Q P G C A H G
M O R N I N G W T H
C H T R C N R N O T
S A F T E R N O O N
```

23 hours 56 minutes and 4.09 seconds for the Earth to rotate once.

Puzzle 9

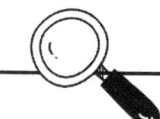

SEA ANIMALS

WHALE   FISH   CRAB
SQUID   SEAL   DOLPHIN
SHARK   STARFISH SEAHORSE

S	V	I	K	P	B	U	J	J	Y
E	H	S	T	A	R	F	I	S	H
A	V	Z	L	D	Z	F	T	H	J
H	W	H	C	O	Y	J	X	M	N
O	H	I	R	L	S	H	A	R	K
R	A	W	A	P	V	F	V	J	P
S	L	B	B	H	P	I	C	S	A
E	E	S	H	I	I	S	Y	E	I
S	Z	S	J	N	I	H	R	A	J
S	Q	U	I	D	I	K	R	L	H

What is a pirate's **favourite subject?**

Puzzle 10

PIRATE

SWORD   ISLAND   PARROT
CAPTAIN MAP   CANON
GOLD   SHIP   FLAG

U	E	L	U	O	D	S	Z	M	I
P	E	L	T	I	S	L	A	N	D
A	C	A	P	T	A	I	N	P	C
R	L	N	W	D	I	F	X	S	J
R	J	I	S	X	N	L	B	H	U
O	G	H	W	C	R	A	D	I	L
T	O	N	O	P	B	G	H	P	I
R	L	B	R	P	D	P	V	S	X
C	D	T	D	C	A	N	O	N	L
S	M	A	P	P	M	H	H	U	S

Arrrrrrrrrrrrrrt!

Puzzle 11

TRANSPORT

BOAT   TRUCK   LORRY
BIKE   TRAM   ROCKET
CAR   TRAIN   VAN

```
G U G A W I B I K E
L M C B R T V O M L
E T R A M R B S R U
C A R K B U L V O T
G L V R D C M A S R
O L S O P K A N H A
L O P C L G V H L I
Z R S K J B O A T N
V R J E F W A K V V
S Y I T X T E W X U
```

 Pencils are commonly **round** or **hexagonal**, but carpenters' pencils

Puzzle 12

STATIONERY

GLUE FOLDER CRAYON
PEN   RULER   SCISSORS
TAPE NOTEBOOK

Y	G	L	U	E	M	R	P	K	M
P	R	N	X	F	V	U	L	T	Z
Y	G	O	D	C	F	L	G	A	O
Y	U	T	W	B	T	E	G	P	G
C	X	E	B	P	S	R	K	E	U
R	X	B	R	I	O	G	G	X	I
A	P	O	W	F	O	L	D	E	R
Y	G	O	X	Z	B	G	X	B	B
O	V	K	L	Y	Z	E	P	E	N
N	S	C	I	S	S	O	R	S	U

are **oval** or **rectangular** so they cannot easily roll away during work.

Puzzle 13

POSITIONS

TOP   ABOVE   NEAR
BOTTOM   IN   FAR
UNDER   OUT   BETWEEN

```
P  D  W  Z  O  T  P  F  A  R
B  U  J  J  O  Q  R  Z  G  O
W  E  P  P  J  U  N  D  E  R
Z  F  T  H  J  S  D  C  W  B
Y  B  X  W  N  F  H  O  U  T
I  O  Z  V  E  J  A  A  A  S
N  T  V  J  P  E  E  L  B  F
P  T  C  M  A  T  N  M  O  V
I  O  Y  R  I  C  V  O  V  A
I  M  R  N  E  A  R  P  E  T
```

What did the **zebra** say the first time he saw a **piano**?

Puzzle 14

FAMILY

FATHER   SISTER   DAUGHTER
MOTHER   BROTHER   AUNT
SON   BABY   UNCLE

```
B B A B Y Z B S D Q
S I L Q S R O A A C
Z O P O O W U E U J
X P N T T N K H G M
B B H O T B S S H O
J E N T I A I X T T
R R E Z U E S Y E H
R U N C L E T C R E
F A T H E R E Q S R
D V H R H U R D E H
```

Dad?!

Puzzle 15

TOYS

BALL   KITE   SCOOTER
ROBOT   BIKE   YOYO
DOLL   PUZZLE   TEDDY

```
Z H Y H S S B S K I
Y R O D O L L I R F
O H Y Z P Q L U K O
P R O Y J T H R F E
U F W A E N Z O T F
Z U M D W U D B G K
Z U D L K C S O D I
L Y Z J M U Y T S T
E S S C O O T E R E
U B A L L N S S G Q
```

Yo-yo is an ancient toy with at least **2500 years** of history.

Puzzle 16

NATURE

SEA RIVER VALLEY
BEACH FOREST ISLAND
MEADOW LAKE HILL

```
M Z K G P T M A W
L A K E E E Q L O X
H I X O A R I V E R
G C P D Z K T H M V
P C O I F A E I D A
B W N C S O P L W L
B E Z M R L R L S L
H F A Q N R A E E E
R P N C M H H N S Y
S E A W H P D J D T
```

It was called a **bandalore** in the 17th century.

Puzzle 17

SCHOOL

ART   LIBRARY   WRITING
GYM   BOOK   HISTORY
MUSIC   PLAYGROUND   CLASSROOM

```
P A H I S T O R Y Q
L D S N C E D J L R
A C L A S S R O O M
Y P F J F N X W T L
G X G R A G R D I K
R T Y I I I U B T B
O E M U T D R A O I
U E L I I A R O Q A
N Z N F R R K K P R
D G N Y M U S I C T
```

What do **cats** put on their **breakfast pancakes**?

Puzzle 18

BREAKFAST

MILK   CEREAL   COFFEE
PANCAKE   JUICE   WAFFLE
BREAD   TOAST   HAM

```
J U I C E G L V P B
P M O T O A S T R P
K I I E J M X E T L
P W M L D Z A S C J
A O A T K D Z J E F
N G R F I S I I R X
C F Z Y F S A Y E W
A E D I W L D C A M
K J H A M H E D L C
E D X O C O F F E E
```

Mice cream!

Puzzle 19

ACTIONS

HOP   WAVE   CRAWL
JUMP   WALK   RUN
SKIP   PULL   CLAP

D	S	B	S	B	H	F	R	Q	N
K	M	K	I	H	R	U	N	A	H
Q	I	P	Q	Q	N	R	V	O	N
P	X	U	A	W	O	Q	P	J	W
X	R	L	N	E	A	R	V	Z	A
I	R	L	C	Y	R	L	R	V	V
D	V	L	V	W	R	L	K	F	E
W	A	M	H	Q	E	U	W	P	O
P	D	W	J	U	M	P	C	W	H
N	A	V	E	C	R	A	W	L	M

The average **sprint speed** for humans is around 12-15 miles per

Puzzle 20

SHAPES

STAR ARROW SQUARE
OVAL CROSS HEART
CIRCLE TRIANGLE DIAMOND

S	L	T	V	M	O	V	A	L	T
T	S	Q	U	A	R	E	Y	K	R
A	P	D	I	A	M	O	N	D	I
R	I	C	C	A	Z	L	Y	A	A
P	D	W	R	O	Q	P	R	H	N
C	U	J	O	Y	Q	R	E	G	G
W	R	P	S	J	O	A	X	N	L
Z	F	O	S	W	R	D	C	W	E
Y	J	X	S	T	F	H	K	A	F
C	I	R	C	L	E	A	A	W	S

hour. **Cheetah**, the fastest animal in the world, can run **four times faster!**

Puzzle 21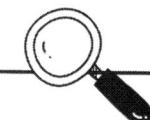

CHRISTMAS

SANTA   HOLLY   LIGHT
ELF   SNOWMAN   GIFT
STAR   WREATH   CANDY

```
L A Y N Z C T F Z Y
M I W U D A G E D H
S L G C S N D J O Y
A J M H Y D S L X W
N U T T T Y L N T R
T J K N S Y G Q H E
A S N O W M A N N A
M G I U Y L E E P T
S T A R F L D L B H
Q U Q G I F T Y F J
```

What does **Mrs. Claus** say to Santa when there are **dark clouds** in the sky?

Puzzle 22

WINTER CLOTHES

- SCARF
- GLOVES
- JACKET
- SOCKS
- EARMUFFS
- BOOTS
- HAT
- MITTENS
- SWEATER

```
B M S T M S C A R F
J E V O N M P F D U
D A B F C R V E V M
D R C B D K L E I G
J M T O P D S T T L
A U B O M M T P D O
C F D T Z E Y H T V
K F A S N Y A K A E
E S S S A T E Z H S
T B S W E A T E R Y
```

It looks like **rain, deer**.

Puzzle 23

PARTS OF OUR FACE

CHEEK JAW NOSE
LIP MOUTH CHIN
EYEBROW HAIR FOREHEAD

C	S	D	C	Y	Y	U	T	X	F
H	N	E	J	L	V	G	O	N	O
E	F	A	Y	S	H	A	I	R	R
E	V	J	S	E	T	Z	O	W	E
K	A	N	C	L	B	T	E	X	H
W	M	N	I	K	K	R	Q	R	E
J	O	P	U	C	J	M	O	A	A
G	U	R	M	E	H	A	N	W	D
U	T	I	Z	A	I	I	O	Y	S
Z	H	N	O	S	E	Z	N	U	P

The distance from Earth to the Sun is about **93 million miles**. It

Puzzle 24

SPACE

MOON PLANET MARS
STAR ORBIT   GALAXY
SUN   COMET   SPACE

```
G S P A C E O S A G
G Q I S W A R P D F
R A N M G M B L H O
F A L W A D I A C L
P H R A Q R T N P N
O E S F X T S E M C
G U M I L Y L T O H
N P M O O N K M Z O
D B K T J G E K W Z
S T A R W T Z A P T
```

take **8 minutes and 19 seconds** for the light to travel from the Sun to Earth.

Puzzle 25

DAYS OF THE WEEK

MONDAY
TUESDAY
WEDNESDAY
THURSDAY
FRIDAY
SATURDAY
SUNDAY
WEEKEND
WEEKDAY

```
O O P G F W E E K D A Y M
T T H U R S D A Y Y H B Y
T N G K W I M V A I M Q B
T U E S D A Y D J Y W S W
S P D X S E S O D C D C G
A Q I U G E S A W N L M L
T Z H N N R S R E B T O K
U X F D U Q S K Z I F N R
R D E R W M E U X G X D J
D W K E I E F A N Z G A R
A P R D W D X J A D R Y M
Y N G K Z H A M C W A M S
U W F J B Z M Y M V Q Y L
```

★★☆☆☆

Why does Sunday always win when **arm wrestling** with Monday?

Puzzle 26

ANIMAL BABIES

KITTEN   DUCKLING   FOAL
PUPPY   CALF   LAMB
CHICK   FAWN   SIGNET

```
V A F D Z S I G N E T B F
U R P U Z K I C J H P A A
H D U R H Z M P C V W J X
W B P G P I K H F N A L M
L O P D U N I K B E Z I H
F G Y O R C H C F O A L M
G P E F K S R F P J U D V
B K U O N P N A K Z Y E D
E L I J O D U C K L I N G
L K T T D B L B G C E N M
J A S H T Y M C X A U V W
L U M R F E P C C L P N Q
S A O B Y M N L U F V M C
```

Because Monday is a **weak-day**!

Puzzle 27

HALLOWEEN

GHOST   SKULL   MUMMY
CAULDRON WITCH   PUMPKIN
COSTUME   SPIDER   SKELETON

B	Y	W	I	B	L	M	T	M	K	K	V	L
X	C	A	U	L	D	R	O	N	U	L	U	B
S	I	D	W	M	Q	A	R	H	E	M	L	D
T	K	Z	N	Q	M	K	E	P	V	P	M	D
S	Z	U	S	A	E	M	J	Y	E	J	B	Y
K	Q	T	L	R	V	F	Z	M	W	T	H	G
E	D	W	E	L	F	V	U	G	H	O	S	T
L	T	I	L	N	R	T	Z	V	Z	T	P	H
E	W	T	V	W	S	P	U	M	P	K	I	N
T	A	C	U	O	Y	D	B	T	X	O	D	K
O	Z	H	C	C	A	S	X	J	B	I	E	G
N	S	Z	Q	C	Z	I	A	T	H	D	R	T
E	M	E	Y	V	S	D	Y	I	R	W	U	I

★★☆☆☆

Irish and Scottish used to carve **turnips**, instead of pumpkins, for

Puzzle 28

PARTS OF A BIRD

- BEAK
- WING
- TAIL
- FEATHER
- BELLY
- CLAWS
- NECK
- BREAST
- CREST
- RUMP
- THROAT

```
C L A W S C P Y L V K S S
B O T E D R I K O Q N B Y
E U R Y J E P Q D E N E N
A R U B S S F E T P R L R
K X M K E T G S G C R L E
H F P D S Y A V U N I Y A
F V U P T E Y H Z B E B E
V E Y M R A J X K G D C O
T C A B X T H R O A T O K
F E U T V G R K M D B L Q
H K W P H E K R I U I T M
T G W Q D E A N M A A H V
X W I N G U R M T I A L T
```

★★☆☆☆

jack-o'-lanterns at Halloween time in the 19th century.

Puzzle 29

HAPPY WORDS

GLAD   HAPPY   GOOD
NICE   LOVELY   JOY
DELIGHTED   THANKFUL   CHEERFUL

```
S L W G I E Z H D H X I H
I M D E L I G H T E D Y A
N M J O Q J R S E J B M P
A I H F W O J G L A D D P
F C C B X O A I W Z D C Y
Q M E E A Z V J A Q D H C
T H A N K F U L X J D E T
L T H Y J F I L Q C Y E B
X O S H U K S B V I N R D
L B V P R D H Y Z G Q F A
H F O E K F O X B O G U D
S H D F L J N Q B O W L G
D U C S N Y R N D D N S D
```

What do you call a **sheep** with **no legs**?

Puzzle 30

WEATHER

SUNNY COLD CLOUDY STORMY
RAINY SNOWY HOT
WINDY BREEZY FROSTY

```
D C D J E G V G B D G Y Z
B T L F H O T Q R Q G F F
M R I O M Y T T E Y G R F
B A A H U M H P E U Q O U
M I X M G D N X Z X K S Q
X N C Z K C Y F Y L M T A
L Y P F I Q X Z P X E Y V
C M Q S S E W I N D Y E Y
C Q Z P T B H A S M R N V
K O E S N O W Y P Y N B M
Z T L X R G R B X U Q H F
L V Q D U J A M S W Y E V
Z M G A Y L Y U Y Y W O Y
```

A Cloud!

Puzzle 31

DRINKS

MILK   TEA   BEER   WINE
MILKSHAKE   WATER   SMOOTHIE
JUICE   COFEE   LEMONADE

```
Y H B T M J U I C E Z Y E
N E D E Z S Y U T W M D H
T H A T E Y C E Q U A W M
E G D L Z R I A H N Z Q I
A B G T V H V M O Y C E L
N S D C T C U M X F G S K
J N X O Z V E O W T Y E S
V F O W S L R C R S X C H
L M E S S W Z O W R L S A
S T N C Y U I E X A S F K
E M I L K K Z N R H T I E
J P R U R J M T E R B E X
G C C O F F E E T Y X F R
```

Firefighters use **special helicopters** to fight forest fires. These

Puzzle 32

THINGS THAT FLY

PLANE ROCKET PARACHUTE
HELICOPTER GLIDER FRISBEE
DRONE BALLOON KITE

N	Q	Q	A	V	C	R	O	C	K	E	T	B
P	A	R	A	C	H	U	T	E	N	M	I	R
F	A	T	T	N	I	M	M	Z	S	K	E	X
F	Z	W	N	H	E	M	T	R	Q	D	H	K
H	R	G	L	N	J	P	L	E	I	L	E	F
H	C	I	O	B	P	M	M	L	T	L	L	T
F	N	R	S	V	J	M	G	B	Z	H	I	R
G	D	Q	A	B	K	R	X	A	I	Q	C	D
P	C	N	A	B	E	F	F	L	Q	Z	O	C
Z	L	O	A	I	T	E	T	L	L	Y	P	W
Q	H	A	X	Q	E	E	V	O	K	I	T	E
A	Z	U	N	U	R	G	P	O	F	J	E	Z
E	N	A	U	E	B	Z	D	N	G	Z	R	V

★★☆☆☆

helicopters carry a **bucket** to deliver water and **refill** from a water source.

Puzzle 33

TOOLS

SCREWDRIVER   NAIL   SCREW
SAW   DRILL   SHOVEL
HAMMER   SANDPAPER   PLIER

```
S W N W A Q X S C R E W T
A R A J F T F E O G F O R
S S D H L C Z I L Y Y E R
H Q F A S I S Y D J I Q F
O S W M E A O F G L E N K
V C C M F Y N V P R J A H
E Y O E Q M X D B I Q I N
L N H R H T R S P Z Q L M
X K Z V R A V U J A W F P
S A M Y K A W M M Q P Y O
Z D R I L L C M Q A N E E
I O B U M S C B M R L N R
M I S C R E W D R I V E R
```

What do you call a **sheep** on a **trampoline**?

Puzzle 34

PLAYGROUND

SLIDE   ROUNDABOUT   TUNNEL
SWING   POLE   TRAMPOLINE
SEESAW   LADDER   SANDBOX

```
B L J T V D B K C F D P T
M O K T D S E E S A W X R
C Z K K U F O S C L Z M A
E N R T X N S P O L E D M
S F O J Y K N X C Y C B P
W U U K W T L E W N F E O
I U N Y H Z D R L D R X L
N D D P Y I K Z H E O G I
G H A A L H G A D C L T N
W M B S W G O D V D S A E
D C O D J B A J P I X D Q
K L U F D L S A N D B O X
G U T D L G G P N P X M E
```

A **woolly jumper**!

Puzzle 35

PARTS OF OUR HOUSE

- ROOF
- CHIMNEY
- DOOR
- WINDOW
- KITCHEN
- STAIRS
- BEDROOM
- BATHROOM
- WALL
- GARAGE
- FENCE

W	U	K	J	O	N	O	A	T	H	Y	R	W
I	H	J	I	E	S	T	A	I	R	S	O	V
N	R	V	R	T	E	M	O	B	O	T	O	X
D	Y	T	K	A	C	A	R	F	G	J	F	A
D	O	O	R	B	V	H	T	S	A	R	C	R
W	D	W	K	U	F	K	E	N	R	S	B	A
B	E	D	R	O	O	M	W	N	A	K	G	Y
T	P	X	G	V	C	A	Z	R	G	S	E	S
O	H	A	V	Z	K	X	Q	K	E	N	S	E
W	V	F	U	U	H	V	E	S	M	T	C	F
B	A	T	H	R	O	O	M	I	G	N	I	G
T	K	L	N	B	B	C	H	N	E	V	E	J
G	A	K	L	H	S	C	D	F	N	N	E	K

DID YOU KNOW

Amongst **all the numbers**, only one is spelled with the same

Puzzle 36

NUMBERS

ZERO   THREE   SIX   NINE
ONE   FOUR   SEVEN   TEN
TWO   FIVE   EIGHT

```
M M G K L C B Z Q S J W J
E Y Z J N I N E G E H O X
O N E O O W S A Z V R F N
X S M H E H L Q J E E A I
T V B V H D S D Z N S X S
U J I J H F W I W H T S N
Y F G F Y O P A X Y L E R
R B O L O F H J N G T U Z
T D U U X Z U K O H W A X
K H Z O R Q J E I G H T A
U H R J V S A V A N V W H
P W O E G B A U J O Q O L
J M I O E F D H W C Z O S
```

★★☆☆☆

number of letters as its value. Do you know which one? It's **4, F-O-U-R**.

Puzzle 37

IN THE CITY

LIBRARY HOTEL MARKET PARK
BANK BAKERY CINEMA ZOO
AIRPORT CAFE MUSEUM SCHOOL

```
W P L I S X C X H O T E L E L
I A B O N B A F C S O W Z A A
D R W J H V F P I I H F C I R
K K J B H K E B N R V Y R H A
W B I H A A X Q E R I P X F V
B R T P S K C I M M O D N I I
N A U R G Y E W A R K Y P T C
E H N U I P X R T U G R M Q S
F O W K W X H H Y R M U G U B
H C O Z R Q A R W X S O M N M
I L I B R A R Y I E S I R F A
P A U Z B M O G U L T I R H R
T O R X Q B N M A I Z F O Q K
L S C H O O L O Z U P O R O E
L A Q X P X F C H T K U O E T
```

Which animal is best at **baseball**?

Puzzle 38

SPORTS

FOOTBALL   HOCKEY   GOLF   SKIING
TENNIS   SWIMMING   KARATE   BASEBALL
CRICKET   YOGA   RUGBY   ARCHERY

```
H O C K E Y H Z N E L H H X D
S L X I Q M K A Y N L Y Q X P
K G T X W Z R E R H C F O F E
I K K M D C T E P D R L K G I
I W L N H E B J Q F I F A S A
N W Z E Z Z A N S W C E R O F
G Q R C D L S W C C K F A X V
S Y D C G T E W R O E Q T X T
N W L D M N B Z U H T H E E S
A N I N C A A X G Z V R N V U
J P F M M X L S B M Y N A W M
M G V F M U L Z Y T I W Z C M
A V O S X I U I O S U M S C B
U N U L I M N F O O T B A L L
T N I M F Z S G Y X H G F L V
```

A bat!

Puzzle 39

ANIMAL SOUNDS

MOO — BLEAK — BELLOW — CLUCK
SQUEAK — GRUNT — CHEEP — HOOT
SHRIEK — PURR — BUZZ — GROWL

```
W E T E A F L W O R G C W O H
R M C D A J B X P G K L J O H
O G R U N T Z E W E W B I M A
V Y J P I M V Q L I I R T P S
H B W R N D S T W L N V U R G
N E R Y T D H M T O O H V U I
Q U J E I X R X D U F W W C W
P D S T V D I D O P H C H Z R
F E B T F O E A S J I E X E O
Z W U L P R K K D V E A U Z B
C M Z Q J T F U X P T O O X Q
H L Z W Z G A Z N E L H H X D
C L U I Q E K E Y S Q U E A K
X K T C W J B E L H J F L W O
Z K U M K L E S P B F L C Z I
```

DID YOU KNOW

The earliest mirrors were pieces of **polished stone**. They were

Puzzle 40

FURNITURES

CHAIR   WARDROBE   MIRROR   ARMCHAIR
TABLE   SOFA   BED   DRESSER
BOOKCASE CABINET   DESK   CARPET

```
O U L E H D L A E H W D B V W
M I R R O R E R P L R I E Q X
R I A H C G B M D N B O D T R
J K L R D M R C F I P A E S Z
V Z R A C F D H F E W S T O O
W Q Y E W T W A R D R O B E C
B T U Y S S J I L K X G B A H
M O X S E S B R O B C Q R Y K
O O O K W A E Y U A A P K O Q
A H I K W P E R B V E U W J A
P A P E C T Q I D T N M R C Z
A F O S D A N I C K T Y O K W
L R D S W E S J H N L I S U M
P M L F T X I E A R K E T I K
J N I L U K C P R A D I K H G
```

found in **Turkey** and **South America**, and some are at least **8000 years old!**

Puzzle 41

SPRING TIME

BLOSSOM GROWING LAMB HATCH
FLOWER DAFFODIL BLUEBELL TADPOLE
DUCKLING EASTER CATERPILLAR TULIP

```
G X D U C K L I N G C O Z L A
Z O K G N F M G N I W O R G W
C R B W Q V O B E B O N T F T
R A L L I P R E T A C T J U F
E U U G H J K F D S L U L Q R
L Q E P G V F M S M Z I P R E
O I B J L D U Q U Q P Y K E T
P Z E Z B F A Q C L X E H W S
D N L V L L U F J D U E A Q A
A W L O K E O A F M H U T H E
T W W U L H P S I O D C C S M
M E B G I G A P S N D G H A F
R R D M O V F L Z O W I I W Z
G U Q J A M X X U A M X L O Y
Y M L O X L E J U B T Z J L K
```

How do you know that **bees** are **happy**?

Puzzle 42

FOOD WORDS

SOUR	DELICIOUS	CHEESY	FLUFFY
SWEET	SPICY	YUMMY	CREAMY
CRUNCHY	STICKY	BITTER	FRESH

```
T X B T C H E E S Y Y E J S Y
A S E Z V R O F O V T E E W S
B F C K C M K E U U F E I L O
Q D L P D Z V Y R P D D D J V
L G U U B C R E A M Y E S B Y
A T C X F R Q G M J L U F N S
N Y S X I F J A W I A T Y N T
Q F I Q W P Y E C X W C C Y I
Y X Y J Q A R I D R I N D F C
H B I L Y T O J T P F K T X K
C E H N M U I T S K S R C B Y
N K U B S C M T D Y H L E P I
U J C G H I V M Y R E W R S I
R P Q D P R O K Y M F Y K U H
C H R E T T I B T B J C O W I
```

Because they **hum** while they **work**.

Puzzle 43

NATURAL DISASTERS

- BLIZZARD
- AVALANCHE
- FLOOD
- LANDSLIDE
- DROUGHT
- EARTHQUAKE
- TSUNAMI
- TORNADO
- TYPHOON
- DUST STORM
- ERUPTION
- EXPLOSION

```
I W Q I I H E H C N A L A V A
M R O M R O T U D B W N S W G
M D Q U L N Y E R U P T I O N
G R E W S M X N E A U J T N Z
T O V X K W N D S S E N T O B
S U F M P G I E R K Y O N O N
U G B T S L A X A A R T X H F
N H B C S V O U O N Z M Y P H
A T C D G I Q S A W T Z T Y C
M C N H J H D D I W Y I I T G
I A S J T S O T G O D O S L W
L F N R F Y J Q Y P N M Q Y B
I F A J O W Q A S V F L V N P
P E F W H K W X J F D O O L F
A M R O T S T S U D T T P E Y
```

DID YOU KNOW

90% of Earth's earthquakes occur along the **Pacific Ring of Fire**.

Puzzle 44

DOG BREEDS

BEAGLE   CORGI   GREAT DANE   BOXER
POINTER   DALMATIAN   LABRADOR   POODLE
BULLDOG   FOXHOUND   MALTESE   ROTTWEILER

```
G H R E W C X F O X H O U N D
I R R E X O B R T R F N C G H
L D E S F U S E S E T L A M I
V F U A T I W G N L M N G B D
N W A P T C N A D I K L Y P C
T Q S R B D I Y Q E D D P O Q
L P G A W T A W E W L J R I J
M A A X A B Q N K T J G M N W
G A B M U H A A E T I S G T P
U O L R S L A R P O Y C F E E
S A D R A A E B O R P O D R P
D L N L H D B D O U U R A M J
V G G X L Z O H D E E S H G J
W X S O L U P R L V C F M B G
B K R R S X B S E L G A E B L
```

It is a **horseshoe-shaped belt** about 25,000 miles (40,000 km) long.

Puzzle 45

TRAIN

STATION   PLATFORM   SIGNAL   LUGGAGE
TRACK   COACH   HORN   CONDUCTOR
ENGINE   SLEEPER   STEAM   RAILWAY

```
Q S L E E P E R C C H B Z R P
C H E Z I E S V R B E C G L M
M Z R A I L W A Y M M D A Q C
T R B L T R Y U K P N T I O O
E E O Q E S G K J M F L S Q C
V G H T Z P T C M O W D T S Z
R H M V C X W E R B E R A S W
E A O H U U S M A J U S T P N
G N K U D V D W X M J W I R F
A E W L H V M N E B Z J O O W
G W R M A Q K Y O D U H N U K
G E N G I N E E I C C O I C E
U B C O C Z G A B H C Q A Y G
L G E I W W S I W R D R R S V
R Z A R W T Z A S K T S I R J
```

How do you find out how **heavy** a **whale** is?

Puzzle 46

TAKE A BREATH

- LUNGS
- AIRWAYS
- WINDPIPE
- MOUTH
- OXYGEN
- RIBS
- DIAPHRAGM
- BLOOD CELLS
- MUCUS
- NOSE
- INHALE
- EXHALE

```
Q W Y S I J L E J C Y E S O N
Y W I A S G R I B S Z S S T Z
U T Z N L G M L K J L P W D Z
H Z L K D D J U B L E I F Q K
D K L I H P R K E A L Z I Q B
I O D E A B I C R R A W Z O F
A H C Y G I D P H O H L M X Q
P E R G N O R V E D N V Z Y M
H T Q Z O E C W Y Q I O Z G E
R M W L C X R G A J H D Q E M
A O B U H H T Z Z Y W S J N N
G V I N U A K Z K H S U V N X
M Q F G B L B S S Q M C N Y M
Y J Q S F E D V W F X U O W T
L M A S A C E H T U O M X B I
```

By taking it to the **whale weigh station**!

Puzzle 47

THE MOON

- CRATERS
- DUST
- NIGHT
- CRESCENT
- FULL MOON
- NEW MOON
- QUARTER
- ORBIT
- ECLIPSE
- PHASES
- TIDES
- LUNAR

```
L P V S E C L I P S E E J T Q
B U A E B S R H G R W S D A T
G N N S A M X E E C E U M A H
A M G A C T I R S I T I B R O
T K O H R I V E I C W N B E Q
L N U P Q D I T Z B E S T O G
Z U E P V E E R F U F N Y A J
U I Y W Q S V A Y D V P T N F
S V O W M X H U T W I H S U Y
R Y A T R O T Q O E L X L C B
E K B R G H O U D Q I L D T R
T I P W G J P N T B M D F Z D
A F Y I O U G Z G O Z F B U T
R Q N S Z F O N O D P N S X V
C G M M C S R N Z S D T T Z W
```

DID YOU KNOW

If you drop a **hammer** and a **feather** simultaneously on the Moon,

Puzzle 48

TIME

HOUR   BEFORE   LATER   DURING
MINUTE AFTER   FINALLY   WHEN
SECOND EARLIER MEANWHILE EVENTUALLY

```
Z K D Y L L A U T N E V E E A
D T P Z K J S W X S W F R K F
L A T E R Y A E L M K Y T R A
Z I S D O N A Z C H C H O U R
C N H E G R G D F O J C W C B
R A G C L I A L G E N P Y R K
X Q L I S M X R T I Q D L X K
D F E E Y N E U L H B Z L R D
V R U R C Q N A T J Q U A N U
Q G E O Z I E C N J F S N U R
A D B F M K W Y S W H R I E I
Q F F E K J Y W R W H K F P N
N U T B A B R Y H T F I H A G
D N F E V G I T E E Z H L O F
S H D Y R F S P G L N Q A E K
```

the feather will fall as fast as the hammer due to **no air resistance**.

Puzzle 49

AT THE BEACH

SAND   WAVE   UMBRELLA   SEASHELL
SEA   PIER   DUNE   LIFEGUARD
CRAB   PRAWN   SEAWEED   ROCKPOOL
BOAT   STARFISH CLIFF   LIGHTHOUSE

```
R Y B I R V Y S H A G P H B T B M
S O Q N A L L E R B M U L W A W X
T C C G S H M A I I V R W K O K S
A W W K S K Y S T C C Z O C B C W
R C T B P G R H Q S G M D H F H F
F H L O R O T E U B A L Y O U O P
I A R I X H O L N W L N I K U I L
S I O I F S I L F A A E D T E T I
H O G A L F I S H V O O U R N D F
B N P R A W N O Q E I Z K S U S E
M K O Z U P A R O W S X G L E L G
B F C H L I G H T H O U S E M O U
O A F O C U U G R Y K Y A U F U A
L Y R E R W D U N E O Z E M N E R
D J L C F U B U D E E W A E S U D
R V H T D E D G W R D E E W A E S
W P E X T M T Z P W L I G R V U G
```

★★★☆☆

What's round and sounds like a **trumpet**?

Puzzle 50

MUSIC INSTRUMENTS

PIANO   UKULELE   TRUMPET   TAMBOURINE
GUITAR   CELLO   BANJO   FLUTE
RECORDER DRUM   HARP   TUBA
VIOLIN   TRIANGLE   ACCORDION   SAXOPHONE

```
A X Q N R T H X P R A H L F X J V
P C I G U H C N I I V R L K S Y K
Y I W B S K E P T C C U O C W T Q
P X A B U G L M Q S T K D H F E N
X H H N R M L G U E I U Y O U P Q
A A R W O H O M N S L L D R U M L
C S O I G S I N F O E E J T S U J
C O A A L T I R B N O L U U N R O
O N P X I L F O I A I E K S U T G
R K O Z O P A R O W N X G L E T T
D F C I T P U D E W E J C O M R T
I G V O C O H G R Y K Y O U I G Y
O Y Y E B R U O W Y O Z E A N T L
N J L M F U B U N Z D I N U Y J U
G A A H T R E S C E J G W Y V S F
E T S A X C T R W Z L G Q U G R M
R E C O R D E R U E K R A T I U G
```

★★★☆☆

A **crumpet**!

Puzzle 51

JOBS

- TEACHER
- BAKER
- LAWYER
- NURSE
- DOCTOR
- CHEF
- OPTICIAN
- PLUMBER
- ACTOR
- FLORIST
- HAIRDRESSER
- BUTCHER
- ELECTRICIAN
- POSTMAN
- FARMER
- GARDENER

```
C W C R R E N E D R A G H G E C W
E B N F D E P Q E D H A X D A W B
L L A A E F N A I C I T P O A M L
E H I R M G H R J R O D D K T R H
C D U M E T E N D O G Z T S Q R E
T L R E Q H S R D M P Z I R C G L
R K G R C Y E O R O K R A M H V E
I F R T Y S S R P E O K Z O E R C
C E U O S S W S O L H D B S F E T
I B V E T Q T C F Z N C R W Y Y R
A Q R J W K U Z P D O U A U D W R
N A C T O R A M M R N U R E I A E
L I R C A E H Z R I L O W P T L B
U Y X T L Y S L D E T S D P U U M
W N T R G W C P R C K E Z E N W U
P O S T M A N E O R A A H G E C L
W B N F E L P D E D H A B D A W P
```

DID YOU KNOW

Some English stories told of how **giants** threw **stones** at each

Puzzle 52

FAIRY TALES

HERO	PRINCESS	CURSE	WITCH
OGRE	DRAGON	STORY	SPELL
HEROINE	MAGIC	ADVENTURE	PALACE
PRINCE	VILLAIN	BEAST	GIANT

```
O N F S O J N F K P R I N C E S S
W R D N T C J B N K W P E X T M T
I N T E J O R F H A T M V C Q V J
T E Z F I L R N A S C N U E W I B
C I G A M A W Y D T M R O I L U E
H N J H L Z P L V C S A V A I F R
V F T S A E B C E E U J I S M V L
Q H U I Q T K R N F Y P L L E P S
X E C X J I T B T Q I X L L R V C
R R K X J U P T U O S D A T M Z T
P O R N B R E T R M N Q I O C J P
O H B X I Z N E E D C O N C O A P
V P B N R G I A N T F F G S L M C
O P C L J S O U T O V R N A E Y Z
K E Y O U Q R C X L E C C D R D K
F B T W L Z E L X U L E X E Q D J
Z O O D J B H V G O G R E I R S L
```

★★★☆☆

other. This was used to explain many great **stones on the landscape**.

Puzzle 53

NIGHT AND DAY

NIGHT	LIGHT	SUN	TIME ZONE
DAY	DARK	STAR	MIDDAY
SUNRISE	MORNING	MOON	MIDNIGHT
SUNSET	EVENING	SHADOW	EARTH

```
P Z G N I N E V E A A X Q N R I H
M V Q Z I I R T P S B C I G S T M
D S U N S E T U R G Y W W W H K Y
D A U Q P A H V U I P M T G U G R
X F X N U R O W S W X H I O R M V
D A Y O P T C H S U Q L R D X H Q
O R A S J H A T E U N I O I D S Z
R D K D V D R U Z B Q R G A L A I
I F U X O T O R X Q B A I A I B Y
B H H W N E A Z X D M K S S U P T
M T T H G I N D I M X F C D E K N
Z H E R H J F S F E O G F O M U P
K G S P D F T C Z I L R Y E O W R
E I J Q F A F I S Y D J N Q O U E
Z N N S R K E D A R K A E I N U P
L W W C C E F Y X V G R J T N G F
T I M E Z O N E E T B I Q N N G X
```

Where can you find **rainforests without wildlife**?

RAINFOREST

- FOREST
- TROPICAL
- TEMPERATE
- CANOPY
- UNDERSTORY
- TREES
- SHRUBS
- VINES
- JUNGLE
- SOIL
- WILDLIFE
- TIMBER
- TREE FROG
- FOLIAGE
- TOUCAN
- AMAZON

```
F T L X R S K Z Q D B C E L C V L
N E Z E F I L D L I W J U J S R I
U M W A X O N B E F H Z M E G Z S
U P K F A R L T D C R J E J Z B E
A E V T O W F I E G K R O E N V N
J R Q R L R D J A F T R K S S R I
W A Z E S Z E E M G V R H P O W V
E T I E A D I S M S E S N N I I U
M E T F O U Q R T T N H G P E H L
J Z T R N N T S R W D R K P L F B
C A N O P Y P O W M H U K X G O U
U M P G R Z P M U T B B I Z N W A
X A Y Z U I V V X C M S T T U W V
W Z Q T C Q J H U P A B W W J I X
O O O A H I W Z C V M N F R E Y F
I N L Z G L U N D E R S T O R Y F
R E B M I T B C D Y D U J P A N V
```

★★★☆☆

On a **map!**

Puzzle 55

ART

- ART
- COLLAGE
- PORTRAIT
- DRAWING
- PAINT
- SCULPTURE
- LANDSCAPE
- BRUSH
- SKETCH
- GALLERY
- CLAY
- ARTIST
- PALETTE
- INK
- PASTEL
- CANVAS

```
J V E Y Z J I K N X G E H S X G H
Y K O H T L A N D S C A P E N F P
Y Q X S M H S I L Q J D C A I O F
H S U R B K H D N D O L S X R A T
D Q U J K J H F W H A H T T Q P S
C L Y G A L L E R Y F Y R X R S I
S J R B S L E F H J N A Z U Z Z T
C O P D U W X T O T I H W A X M R
U G K A Z O D Q S T P N K Q R R A
L J U H I J V S A A A N V G H T F
P T C W O N G B L U P O G D L G S
T Y O C I O T E D H W C N P S A N
U L L Z L X T N O T E C I Q V D I
R U L I L T P K G T M E W N O U Q
E F A J E Z N X P W J Z A N N N M
R M G W T F A O B S V C R W U D P
I W E E S K E T C H U F D E R Z I
```

The famous bicycle race **Tour de France** consists of **21 day-long**

Puzzle 56

ALL ABOUT BIKES

BICYCLE GEAR BELL HELMET
WHEEL CHAIN RACK TRICYCLE
SADDLE PEDAL VALVE TYRE
BRAKE HANDLEBAR FRAME STABLISERS

```
X L N V W W V B G N N X W W H O J
D R L Y H W Q F E L C Y C I B I C
M E J E A R O G T D H B T X V V C
G X E Z Z P V E M A R F F X H H R
R L H T D E D G W R T M O Z A P R
W P E X T D T Z P R L I G I V S D
S M V Q Q A J Q I U Z E N B Q S J
C A O E W L B C T E M L E H T V K
M Z D I L U Y O G R R Z D A S T K
W A X D I C R R T A V U B N K N T
U J M S L V L B I C V L X D R Y Y
Y P J E T E E M E K I P H L R Y E
I E V L R V C G C S G G I E T Q L
S D K T L Z T E E N H E C B Y G L
N Q H A C J F R K O Y R W A V B E
C S V C R S S R Q P A A L R Z V B
F F E S B B B C U T G E A R L R C K
```

stages over 23 days and covers around **2200 mi (3500 km)**.

Puzzle 57

BIRTHDAY

- CELEBRATE
- GIFT
- PARTY
- CARD
- WISH
- CANDLE
- AGE
- CAKE
- GAME
- HAPPY
- INVITATION
- TREAT
- PARTY BAG
- FAMILY
- FRIEND
- BALLOON

```
C W X J V E Y Z J I L N X G E H S
A K S Y K O N O I T A T I V N I F
R C W Y A X S D H S H L Q J D E A
D H F N N G V B N H D N D O Y S X
Y O M D Q U E K J E F W Y W H T C
Y K A C L Y K G F Y I T A F Y L E
P T N S T R E A T O R R J N G Z L
P A P J O Q N U W A Z O F U F W E
A S R X G K B O P D Q J K A N K B
H L E T J U H B O V T E M A G V R
C O M K Y P W O T L B I U J O Q A
C U F G Y B M I O G L D H W C Z T
E A N T L C A K E Y H A T E I I E
W U N J U Z I G N P K A B M E S M
W Y V D F Q J L Z D X G I F T T H
Q U G R L P W T F A O B S V G T W
U N U I W E E I T U E T W U F P E
```

Why didn't dad buy a **camouflage tent** from the camping shop?

Puzzle 58

CAMPING

CAMPFIRE	MAP	BACKPACK	FLASK
NATURE	WILDLIFE	HAMMOCK	HIKING
OUTDOORS	BARBECUE	COMPASS	MATCHES
TENT	LANTERN	ROPE	SLEEPING BAG

```
I B T P S B C E R U T A N I B V R
N A U R O S L E E P I N G B A G Z
E R V U I U X T B U T R M Q C G M
F B W L A N T E R N E T G U K I L
H E O E R Q A D W X N O M C P L H
I C X E P J I O O G T I R O A A E
P U U Z B O O G A O T I R M C O O
T E R X Q B R P A I R F O P K I Z
L H K C O M M A H U P S R A W S X
W A Q X P X F C H T K U D S W M C
J I T F K O G F O G U U T S Y A Y
F L L S I R E W N A R R B W M T Z
K F A D Y D J I Q F E B U P Z C I
K L L O L G K E D O U P F S A H R
F F Y X V I R J W H G I T W Z E G
W Q M X H B F Q N N R X F U U S U
J H T R S H G E U E G X U J P A M
```

★★★☆☆

Because he **couldn't** find any.

Puzzle 59

WATER EVERYWHERE

SEA   PUDDLE   RIVER   RAIN
POOL   WAVES   WELL   STREAM
SWAMP   LAKE   CANAL   POND
WATERFALL OCEAN   RESERVOIR   LAGOON

```
W R I V E R Q W L D D C W O H V B
R M C D A J X A P L K W J O H K Y
O G R U N T N H W E A B I S A A X
A Y J P I A V Q P V I G T S S B C
E B W P C D S T E O N V O W G B W
S E U Y T D H S T O N H V O I E X
Q R J E I X R X D U F D W D N L H
R D S R E S E R V O I R H F R L A
F E A T F O E A S J I E X X O L P
Z I U L P S K K E K A L U Z L W U
N M Z Q T T W U X P T O R A Q B D
H E Z R Z B A A N E L H F X D M D
C L E I Q M K E M N L R N X P X L
X A T X W Z W E L P E F L A O R E
M K U M E K E S P T F L C Z E L Y
M P O O L E L J A F K F I S Y C J
Y W Z W K Z L W S S Q U E A K G O
```

★★★☆☆

DID YOU KNOW

Explorer **Christopher Columbus** spotted **three mermaids**, but

Puzzle 60

MYTHICAL CREATURES

CENTAUR	GIANT	TROLL	VAMPIRE
DRAGON	GODZILLA	PEGASUS	KRAKEN
ELF	UNICORN	WEREWOLF	BIGFOOT
FAIRY	MERMAID	YETI	PHOENIX

```
P I X D P E G A S U S N B N F E I
Y T L N I R Y Y D K L J R V T B K
N R R O Z Y Y E D P H O E N I X O
B O E T N A I G R A C O B S W Z U
Q L J W J W R N K I B L Z H E U D
G L F S X G H E N E P V Q J R L Q
Z F I F N F Z U X T L M I O E E N
J D D A A J F V K A Q P A Q W E L
O Y R X S I H B J G W L R V O E S
W H A S Q P R K F O O D B Y L R F
F T G X R S K Y Q K B D E L F V L
N G O U Z Z F S B R A J Z J F R E
Y H N O X M E R M A I D M I G Z L
U E K Q F R M T D K R J P J L B T
A N T G H G F I E E K T O E N L C
J O Q I L G I C E N T A U R S R A
W C Z P S Z N B M C V R H P S W Q
```

★★★☆☆

these are considered to be **sightings** of the large marine mammal **manatees**.

Puzzle 61

FARM

- FARMER
- HARVEST
- BEEHIVE
- FARMHOUSE
- MEADOW
- ORCHARD
- PLOW
- BARN
- CROPS
- FIELD
- TRACTOR
- STABLE
- STRAW
- HAYSTACK
- HEN HOUSE
- ANIMALS

```
M T M H G R F D C J P I X D Q T X M J V
Y W R L J F D X K O Y W L N I R Y Y O K
Q T H U F M L G G P N X R O Z Y Y A R L
G P X K E O C U Y B E E H I V E K M C A
S I M A G K N C B Z Q R J A M W H N H T
J V D Y Z J R L N X G E H S Y E H E A E
Y O O S T R A W R A Z F I F N S U R R T
W Q X S M H B H O Q J D E H I J T S D A
N N F V B K H D T D O Y O X S A H A E L
D Q U A K J H F C H W U T S Q P Z K C R
C L Y K R F Y O A A S Y L A R W K Z Q K
S F R B S M O F R E N G Z N Z Z O S B T
J A Q D U W H Z T T U H W I X M N L E F
X R K H Z O D O J K U N K M A R M T P C
T M U H A J V S U V A S T A B L E I E G
K E P W O R F B A S J O Q L L G D J W F
G R J M I I V F D H E C Z S S Z N E M C
T L E Z E X N E O T E C I C R O P S M S
J U Z L L N P K S T M E T M O U Q R Q K
S F D J L Z D X P T J Z T N N N M S L W
```

Why does the farmer **bury** all his **money** in the field?

Puzzle 62

TYPES OF LINES

- THICK
- THIN
- STRAIGHT
- DIAGONAL
- VERTICAL
- PARALLEL
- CURVED
- HORIZONTAL
- DOTTED
- WAVY
- ZIGZAG
- BROKEN
- SPIRAL
- LOOPY
- SCALLOPED
- HASHED

```
G R J T H G F T W Z K G Q C H T M P W T
B I Q N S P I R A L T U U N U A A I E I
H L Q U M G X U J B Z R O N Z I S E V X
J A W Z P M I U D R V Z A H C C W H W L
M C X Y I W X C J E X L N V W W V B E C
Q I N D E G C Z D C P R L D E T T O D D
M T L N N B Z H H A M O J Z A R H G T D
G R H Q Y H D A L Y G X L Z Z U I T F B
O E F T V J N F G I R V H L D E C G W R
G V D N A C J B N K W P E X A M K Z P O
H N T E W J R F H A T M D Q Q C J Q R K
O E Z F I L P N W S C N O I W I S V G E
R H T I M A W N I T M Z O I A U E O G N
I M J H L Z P L I C W A X A I G R R T O
Z K S S T R A I G H T J M S M V O B I H
O I U I Q T Y R A F T P J M T C M N E O
N T C X J P T B W Q I X V L R V C G A K
T O K X O U X P A E A L L E L Z T O Y L
A N R O B R Z T G M N Q H O C J F U K O
L T L X S Z F E V D C S R C O S P B O J
```

To make the soil **rich**.

Puzzle 63

MONTHS AND SEASONS

JANUARY   MAY   SEPTEMBER   SPRING
FEBRUARY   JUNE   OCTOBER   SUMMER
MARCH   JULY   NOVEMBER   AUTUMN
APRIL   AUGUST   DECEMBER   WINTER

```
M T J C L M J B H J P I X D Q T X M J V
Y N R L J F A X K O Y Y L N I R Y Y D K
Q O H U F D L Y G P N R R O Z Y Y A D L
G V X K L O C U Y Z B A E F X V K U A A
S E G N I R P S B S Q U J W W W R G K T
J M E Y Z J I L E X G R M S X I H U U E
Y B O H T O O P S A Z B I A N F N S X T
Y E S S M H T H L Q J E E A R J F T K A
N R P U B E H D N D O F S X S C H B E U
D Q U J M J H F W H W H T S Q P H K F R
C L Y B G M Y O J A N U A R Y S K Z Q D
S J E B S L E F H J N G Z U Z Z F S B L
J R Q D U W X R O O U H W A X M N B I F
X G K B Z O D Q J K C N K A A R M R D C
T J U H B J V S A V A T U G H W P I E G
K T D E C E M B E R J T O D L A D J W F
J Y J M I O G F D H U C Z B S Z N E M C
U L E Z V X N H O M E C I Q E D I J M S
N U Z Y L U J K N T M E T M O R Q R Q K
E F Q J L Z D X P W J Z T N N N M S L W
```

★★★✦☆

January in the **Southern hemisphere** is the seasonal equivalent

NOCTURNAL ANIMALS

OWL	BADGER	FIREFLY	HAMSTER
MOTH	BAT	RACCON	RABBIT
HEDGEHOG	CAT	MOUSE	OTTER
FOX	SKUNK	SLUG	MOLE

```
P Z H W E W B I H A A X Q N R I H X F V
M V Q Z I H R T E S B C F I R E F L Y I
D S T W T N V U D G Y W W S K Y P T C
D A M O P E H V G I P E T B U G R M Q S
X F M D U F O W E W X H L O R M T G H B
D L D O P H C O H R Q A R O X H O A N S
N O C C A R Q X O O G I O I M S M R B O
R D K D V P A U G B U O G A L S I R H U
I F U X X T O R X Q L N P A T B F O Q X
B H Z N E L H T X D S K O E U P A R O W
M K D Y N L A Q T P X F R H T K U D E T
Z B X R H J F T F E O G F O O W L G I Y
K E O P D F L C Z I R Y Y E R W V B W Y
E D F Q F K F I S B D J L Q F U B U L Z
Z Z N S W S E L O F A A E D K A P V S A
L W W C K E F Y X V G D J T R G F T C Z
T I W U O W Q M X G B I G N N M X F A U
N L N N H J H T R S H Z Q E M G X U T B
A K X K Z V R M O U S E W F R M I U N R
X I S A M Y K A W M M Q X Y O W X C J D
```

of **July** in the **Northern hemisphere** and vice versa.

Puzzle 65

COLOURS

- SILVER
- LIME
- TEAL
- INDIGO
- VIOLET
- PURPLE
- WHITE
- BLACK
- PINK
- BROWN
- MAGENTA
- PEACH
- SCARLET
- AMBER
- LILAC
- MINT

```
P A W V L M T J C L D J B H J P I X D Q
D I N D I G O R L J K D X K O Y W L N I
B W J F L Q T H U F N L G G P N X R O Z
N J O A A G P X K T I C U Y Z B R E F X
M P H B C S I M E G P L C T E L O I V J
A O L W X J V L Y Z J I L N X G E H S X
G R W K Y Y R O H T O O W S A Z F I R N
E Z O C W A Q X S M B L A C K J D E A I
N M D H C N W P V B K H D N D O B S X S
T L Y S U D Q V J K J N F W H M H T S Q
A H I K I C L Y A G F Y W P A F Y L X R
A E J T S L J R B R L O F O J N G Z E Z
O O U U I J V Q D U W X Z O R U H W L X
I Z K M U X G E B Z O M Q J K B N K P A
S X E L E T J U R B J V I A V A N V R H
E M C O M K T P W O T G B N U J W Q U L
K Y A U F G Y J M I T G F D T H C Z P S
O Z E M N T L E Z V E N H O I E C I Q A
D H C A E P U Z I L A P K T T M E T M O
J R W Y V S F Q J L L D E P W J Z T N N
```

What burns longer, a **red candle** or a **green candle**?

Puzzle 66

MORE COLOURS

- CYAN
- OLIVE
- MAROON
- NAVY
- AQUA
- TURQUOISE
- FUCHSIA
- GOLDEN
- LAVENDER
- SALMON
- PLUM
- COPPER
- DUCK EGG
- MAUVE
- EMERALD
- CARAMEL

```
P L U M S V G T W U D P O W M H L K X Z
T U E T W U F P L A V E N D E R X I Z A
V U D N G X C Y Z U I V V U G M T T U C
M K A S F O P Q T B Q J H C P N B Q W X
N X W W P O L O X H I W Z K V M A F R E
R G V P B I C D Z G S M N E H I P F E Z
H B E X V V F G E I P A C G Y D U V P A
Y R F X H U R B H N E W L G A U I R D J
F U C H S I A Z L Y K A N M X L U B U X
L I N R V S D E B A W C Y I O O O D W G
Z E O B Q G J X P D N Y F N Y N L H T U
V H D I O V K E V U A M A Z H E V C U B
R Z F P S T E K J I V D H W E X O T R I
V U D U K M M C J Z Y E T D G R M T Q Z
V A G W E R Y J A L G Q E I V A U E U B
O P H R W Y E C X R N B Y I R Q L B O N
C Y A N B Q O G N U A E L O M D F D I J
U L E A Y G Q T U P L M O U N B K U S B
D R R E P P O C Z M Q N E A H S B D E C
A A L H Z V Q D H X N I F L P H R C T N
```

Neither, they both burn **shorter!**

Puzzle 67

FEELINGS

- HAPPY
- SCARED
- EXCITED
- SHY
- FRUSTRATED
- SURPRISED
- CHEERFUL
- NERVOUS
- ANGRY
- CONFIDENT
- WORRIED
- SILLY
- TIRED
- AFRAID
- CONFUSED
- CALM

M	N	B	D	Y	W	X	K	C	V	W	S	Z	K	Y	Y	E	B	O	J
N	F	G	T	E	G	M	Z	M	D	E	R	A	C	S	F	Z	H	O	K
F	R	Y	F	R	I	P	E	N	V	K	T	F	Y	W	B	A	C	Z	K
E	U	G	G	J	F	R	Y	A	E	E	Q	I	N	N	P	L	E	N	M
D	S	I	S	X	Q	U	R	U	L	Y	C	N	H	P	P	W	N	F	Q
S	T	Q	H	S	B	S	E	O	R	O	W	S	Y	B	A	X	K	U	R
A	R	G	D	P	T	K	C	Z	W	I	A	S	N	X	Y	B	S	U	J
X	A	N	G	R	Y	T	H	S	M	R	K	D	Q	E	G	A	N	H	S
C	T	E	O	C	J	R	E	T	H	M	Q	O	G	G	R	H	Y	H	Y
V	E	A	B	O	H	Z	E	P	L	U	C	R	G	E	S	V	T	M	W
K	D	E	G	L	F	O	R	Q	P	T	N	E	D	I	F	N	O	C	L
X	C	X	S	Z	K	V	F	E	L	D	X	B	K	S	Y	W	R	U	J
B	S	F	T	U	O	W	U	A	G	B	W	J	F	M	C	T	H	U	S
V	B	E	Z	I	R	F	L	O	R	D	J	O	A	N	O	P	X	K	L
K	Y	X	I	R	V	P	M	H	I	G	P	H	S	M	N	I	M	M	G
A	X	C	A	L	M	H	R	A	V	B	O	L	I	X	F	V	E	Y	Z
B	C	I	G	S	H	M	R	I	I	V	R	W	L	S	U	K	O	H	T
Y	W	T	W	S	K	F	P	T	S	C	Z	O	L	W	S	Q	X	S	M
P	X	E	B	U	A	R	M	Q	S	E	M	D	Y	F	E	N	P	V	B
X	H	D	O	R	M	T	G	U	B	I	D	Y	O	U	D	E	R	I	T

DID YOU KNOW

Scientists have found that **positive sounds** that draw out

Puzzle 68

HOBBIES

DANCING
BIKING
ART
FISHING
CRAFTS
GARDENING
HIKING
READING
ORIGAMI
SURFING
BOARD GAME
BAKING
DRAWING
GYMNASTICS
MUSIC
COOKING

```
F K Z Q C Q V T S G C G A R B A K I N G
R H I V E X C G D C W J K C G W H D N A
T I K G A R D E N I N G V B O J Y B F A
T I Y C H V Z R P P F K A P H O C W P L
Y G G C P C V Y A X J P J O D W K G F D
E U B C A A D S F W X N R Q A X E I L V
E G K G O M Z U G T I I G A C M B L N S
E N R O N D A S Q X G N T A A I J S O G
T I S D L I E T E A F Q G G D D C U J H
X K G O R R K C M A J X D P G K L R F H
A I J W I O P I T A P R H W E W B F H A
W B R Q Y V V J H I A V Q Z M U S I C S
W G H I D H B W W O D S F W R N V N R G
S P D T D A E U B E M I N G X E H G U I
B T S A X Q N J E I S F X D U F O W C W
E I F M M J D C T H D L D O P H C O Z R
N Y E A Z F E B I F O R E A D I N G E O
C K H I R Z W N L N R D K D V P A U Z B
N Z L Z Z C G K Q J G F U X X T R R X Q
G Y M N A S T I C S S H Z N E L T H X D
```

★★★½☆

joy and laughter are much more **contagious** than negative sounds.

Puzzle 69

MATERIALS

- FABRIC
- RUBBER
- CARDBOARD
- PLASTIC
- CONCRETE
- WOOL
- PAPER
- METAL
- GLASS
- CLAY
- SAND
- STONE
- CHALK
- COTTON
- WOOD
- LEATHER

```
H O R N S L H I K U C L Y K G F Y O P A
S I R U O A E J T S S J R B S L C F H J
T I R H B O O U U N S O Q D U W I Z O T
B F O Q X B Z K L E A T H E R O T Q J K
S T O N E S E G L E L J U H B J S S A V
K U D E W E M R O M G T P W O T A B A U
U U F R C K Y A U F G Y J M I O L F D D
W V A W Y O Z E M N M L E R V X P H O T
U B B L Z D T W U Y A U Z I E N P O A T
U P R S A J R T Y V T F Q J L P W X P W
G F I W Z K G Q O G E M P W T F A O B S
M X C H A L K U N N L W C E I T U P T W
G X U J B Z M O N Z I L Y V X V U D N C
M I U N R Z Z A H C A W M C L M K A O F
L O O W D X L N V Y W V B G N N X N W H
K C Z S C S R L Y J W Q F G W R C V K B
B Y H R T A A B C A R D B O A R D T X V
H D G L Y N X S Z Z U V T F E Y Y F X H
J N F K I D V H T D E D G T R H M O Z J
J N E S K W P E X T M T E P W L I G R V
```

What bird gets **out of breath** easily?

Puzzle 70

BIRDS

- PENGUIN
- PUFFIN
- EAGLE
- VULTURE
- ROBIN
- WOODPECKER
- PARROT
- KIWI
- OSTRICH
- HAWK
- GOOSE
- TURTLEDOVE
- SWAN
- FLAMINGO
- SEAGULL
- TURKEY

A	X	K	U	R	K	W	T	L	L	W	N	F	E	O	M	B	P	M	M
P	P	F	U	J	Y	H	Z	W	L	H	D	L	X	D	K	T	B	L	H
U	A	E	D	S	P	Y	O	P	U	F	F	I	N	L	Z	Y	Z	S	C
T	H	Y	N	Q	A	L	H	G	G	M	C	L	T	T	V	Z	V	L	I
S	Y	T	M	G	C	T	G	O	A	V	D	S	S	R	H	V	H	M	R
V	T	J	C	L	U	J	B	H	E	P	I	X	D	W	T	X	M	J	T
A	E	E	L	R	F	I	X	K	S	Y	W	L	N	I	A	Y	Y	D	S
R	T	A	K	F	D	L	N	G	P	N	E	R	O	Z	Y	N	A	D	O
E	P	E	G	L	O	C	U	Y	Z	R	R	E	F	X	V	K	M	A	A
K	Y	O	M	L	K	L	C	B	U	Q	R	J	W	J	W	R	N	K	T
C	V	P	Y	Z	E	I	L	T	X	G	E	H	S	X	F	H	E	U	E
E	K	O	H	T	O	O	L	S	A	E	V	O	D	E	L	T	R	U	T
P	Q	X	S	M	H	U	H	L	Q	J	D	E	A	I	A	F	V	K	A
D	A	P	V	B	V	H	D	N	E	O	Y	S	X	S	M	H	B	J	L
O	Q	R	J	K	J	H	F	W	H	S	H	T	S	Q	I	Z	K	F	O
O	L	Y	R	G	F	Y	O	P	A	F	O	L	X	R	N	K	Z	Q	D
W	J	R	B	O	L	O	F	H	J	N	G	O	U	Z	G	F	I	B	T
J	O	Q	D	U	T	X	Z	A	T	U	H	W	G	X	O	N	B	W	F
X	G	K	B	Z	O	D	Q	W	K	U	N	K	Q	A	R	M	T	D	I
T	J	U	H	B	J	V	S	K	V	A	N	V	G	R	O	B	I	N	G

A puffin!

Puzzle 71

AQUARIUM

- GOLDFISH
- SHARK
- TANK
- JELLYFISH
- STARFISH
- CORAL REEF
- GLASS
- OXYGEN
- MARINE
- SALTWATER
- LOBSTER
- CLOWNFISH
- FLAKE FOOD
- KRILL
- PIRANHA
- SEAHORSE

```
G X K U R K W T L X W N F E O M B P M M
Y L F U J Y H Z W R H O X Y G E N B L O
G A A D S P Y J K Z T H O X L Z Y Z S U
M H Y S H A L H E A M E L T O H Z V L T
S Y T M S C W G O L V D W A S L V A M C
S T J C I D K R I L L I X I Q T H M J V
A W R L F F D X K O Y Y F N A A Y P D K
L T H U R D L G G P N D F O R I Y A I L
T P K N A T C U Y Z L R E I X V D M F S
W I E E T R A Y B O Q R P W S W R H E T
A V E Y S J T L G X G E H S X H D E E E
T K O H T O Y W S A Z L I F N O Z R R T
E Q E N I R A M L Q O D E A O J F V L A
R N Y V B K B D N B O Y K F S A H B A L
D E S R O H A E S H W H E R Q P Z K R O
C L R K G F Y T P A F K L X A S K Z O D
S J B B S L E F H J A G Z U Z H F S C T
J O Q S U R X Z E L I R A M X M S B E F
X G S B Z O D Q F K U N K Q A R M T D C
T J H H B J V S A C L O W N F I S H E G
```

DID YOU KNOW

Not all dinosaurs lived during the same period. **Stegosaurus** was

Puzzle 72

DINOSAURS

STEGOSAURUS
TYRANNOSAURUS REX
TRICERATOPS
VELOCIRAPTOR
APATOSAURUS
PTERANODON
JURASSIC
CRETACEOUS
FOOTPRINT
DIPLODOCUS
HERBIVORE
CARNIVORE
SKELETON
FOSSIL
EXTINCT
EGGS

S	G	G	E	F	W	T	N	I	R	P	T	O	O	F	V	C	P	T	F
G	H	T	F	G	C	K	M	D	M	J	K	L	B	V	F	D	E	P	S
T	S	K	E	L	E	T	O	N	I	S	H	E	R	B	I	V	O	R	E
T	Y	C	G	K	N	S	C	U	Z	P	H	V	K	E	S	O	X	P	N
R	M	R	W	A	W	A	E	T	G	D	L	G	Q	Z	K	I	H	W	O
W	V	N	A	U	X	O	I	L	I	S	S	O	F	B	N	K	F	A	D
B	E	D	J	N	C	O	R	X	C	D	I	T	D	U	N	J	M	E	O
O	L	K	K	N	N	R	E	X	E	T	O	S	P	O	F	W	O	S	N
C	O	S	T	E	G	O	S	A	U	R	U	S	Z	Q	C	G	L	I	A
A	C	Z	S	Y	H	S	S	V	V	R	G	E	N	R	A	U	Z	M	R
R	I	U	M	P	T	G	Q	A	U	Y	W	W	V	E	J	B	S	I	E
N	R	S	H	N	O	K	A	A	U	E	R	I	E	J	J	Y	U	F	T
I	A	A	C	B	T	T	S	P	J	R	P	E	U	A	P	J	O	M	P
V	P	Y	T	U	K	O	A	N	O	C	U	R	W	P	K	X	E	L	Z
O	T	H	U	L	T	P	C	R	H	P	A	S	R	S	B	D	C	D	P
R	O	U	W	A	Y	T	E	V	E	S	G	X	R	A	V	P	A	B	O
E	R	J	P	E	D	B	X	Y	S	C	K	T	Q	E	B	G	T	K	O
Y	N	A	B	F	Z	U	V	I	D	R	I	M	M	J	X	C	E	I	W
O	F	E	T	M	W	H	C	N	L	H	C	R	W	Q	U	H	R	E	M
H	U	Q	B	B	W	H	E	X	T	I	N	C	T	K	T	H	C	X	N

★★★☆☆

extinct for about 66 million years before **Tyrannosaurus rex** walked on Earth.

Puzzle 73

SPOOKY WORDS

CHILLING
EERIE
GROSS
HORRIFYING
GHOSTLY

HAUNTED
MONSTROUS
CREEPY
FEARSOME
WICKED

SCARY
SHADOWY
ALARMING
MYSTERIOUS
TERRIBLE

EVIL
FIENDISH
GRUESOME
DISGUSTING
MENACING

```
W O R J G R H G W H R L R W E I R E E R I S F
X D R U Y I I M O I X Q O A M O N S T R O U S
K R V P R K J R Z K E P S B D R E C X P H N B
P M N Z W S R H E J B Q G L G U C A V B V M Y
D N Y P U I S G N I C A N E M R J R L W Y G S
J I U O F K D T C U Q T L V P R U Y I S E G O
V Y K Y T S H Q J S D K U E T G R E T S T K G
K R I I P E V I L R K M L W B D V E S G F A N
I N I F E Q O M X Z A B N S Y E R U G O A Z I
G N G O D H H J E N I V O R H I C U A S M Q L
L W W H B F G L B R D C J U O A B P S R T E L
R D I I O J Z F R K F I R U P E D O S D Q Y I
O B C Z R S T E J P Y Z S C Z Y R O L E P C H
P L K N D X T Y I R Z F E G W G S M W P Z E C
H O E P A J N L W V H E V F U O V V P Y E C G
L H D A W L P X Y V J A C F B S G X Z L P R Y
C S F B L U X D L U F R D R D V T O H D E E J
C I I I R A Z G X E R S P X E N V I G U Q E X
R D E Z P X R Z R J E O R C T K V K N C K P V
S N G I N N L M E X S M I O N S V L G G F Y O
U E I H E J F L I Y A E L T U A F G P M L C K
I I F Q O V V B J N B N U E A H Q L Z Z B M K
J F S N C B X W L Q G Y K Q H O K W T W L W Z
```

★★★★☆

Why is everyone **so tired** on **April Fools' day**?

Puzzle 74

APRIL FOOLS'

- HOAX
- SILLY
- JOKES
- FUNNY
- LAUGH
- SURPRISE
- PRANKS
- MISCHIEF
- APRIL
- LIGHTHEARTED
- COMICAL
- HILARIOUS
- AMUSING
- FOOL
- GIGGLE
- TRICK
- UNEXPECTED
- TEASE
- PLAYFUL
- GOOFY

```
E E U P K L A E A B L I R P A C D D L F Y G T
U O C W R G H I L S R T L I T K E G W U V O H
P T E A S E A W Z E X A C V J C T T J K T C J
V W M O X C F M D J Y V O Y P I C Y K O F B G
L O U H J L C U V F T B H P P R E O A Q B O V
R H N T A I D L U N X W V L J T P C O H M F I
F Y F O O G D L J C Q N R Y A V X K Q F O K R
E I F M V H P P L U T P T S W M E B E Q J A Q
D X L D F T N H R L Q W O U L C N Q S O Z X X
P K G L U H T S P A L H T O R O U G K E Q G E
X L B A R E L N K D N M K I U T O E C S S U T
W V S R W A T N Y O X K N R N E S F U N F Y G
G K U E Y R B M K F L V S A E Z X U V D U B N
I E U Z I T O X F A Z W W L P K C P P P N V A
G R O F J E M H C Q N X A I N D B O L E N I M
G B W L E D H I E E V B R H J R T F L A Y T U
L K A Q I I M I R J S T C S D C N D Y W F J S
E K Q P P O H Z H B S I Q W P S I L L Y D R I
C C R A C O U C B K W Z R K P G O L X Y U L N
A M O G N P X N S I R L C P G O G B P Y A D G
W Y Z W E G O H N I U C Q E R O P N I U P Z G
M V P Y I T I N V X M X X D Y U N T G K A S Q
D N I G D M H S T W G C K K B C S H A P V V A
```

Because they've just finished **a long March**.

Puzzle 75

RAINFOREST ANIMALS

JAGUAR	CHIMPANZEE	PARROT	MOSQUITO
LEOPARD	BABOON	CROCODILE	ANACONDA
TIGER	LEMUR	PYTHON	TREE FROG
GORILLA	MONKEY	IGUANA	GIBBON
ORANGUTAN	TOUCAN	CHAMELEON	SLOTH

```
T O R R A P I S D R O N H F G Z S B Q A E Z B
D S G K C F E E J Q N Y V H C F R L A R E P G
R Q P L E T R E E F R O G B E R R I H B W C I
R I D E Q K C L C E X G R G R G O M H H O T Z
B Y D J T T E S X S I B E K X Z E C L Y W O T
L B O G I O Q N A T U G N A R O X J O S Q C N
E T D V P U E Q T Q M J Y T G P G D S D H K J
M H H A B A V V Y O R Y C M E X F A U A C I Z K
U F R U N O G C S E D K E K F A Q C P F W L A
R D R A M L E I K N L Z Y C N F K V W O S B E
T D U R V U Y N Q G N U S A C U A B D L C E L
Z G U E V D O L S A U S C C O R F L N Y N M G
I N H G M M K Y P R W O G H H S A M L B Q W L
V I G I V K K M U E N Z T E R A D R G I O E S
K S A T Z Z I F T D B L K J M B M V F B R T Q
T L Y G J H O S A L S T P H R E D E W Z Q O N
D O B P C T G T I G K J N B B G T O L K S J G
N T N F D W S M I O I F N A C U O T L E A Q V
Q H A T W Z O B J U L J J V S M F Z N G O F J
J J Y E R G B R M K Q I O Z W Z W Y U W Z N B
P K R I U O E K Q B O S N O J U B A O I N E X
J T U A N B Q R U E C T O M S C R V U D L R R
A N T N P Y T H O N C Z P M R C H C P J A I B
```

★★★★☆

DID YOU KNOW

Chocolate is made from the seeds of the **cacao tree**. The seeds

SNACKS AND SWEETS

- CHOCOLATE
- DONUT
- CAKE
- CUPCAKE
- BROWNIE
- COOKIE
- PANCAKE
- LOLLYPOP
- POPCORN
- PUDDING
- MUFFIN
- PRETZEL
- WAFFLE
- CHEWING GUM
- ICE CREAM
- PIE
- YOGHURT
- POPSICLE
- CRACKER
- OATCAKE

```
I N P O P C O R N I N B W T F J J I D D S I H
O N R Q F N D D P C E F L G K V U Z X H R C X
W C R P L T I O E I K O O C C R L G J Z Q G D
W P C C G G A F F R T N J W C H O C O L A T E
O L I A Y U M U F M E X O R L B T G M S O Z H
P C Z E G Y Y M P U B K A M A E R C E C I H X
T R F R K K S E X Z M L C P F K R O C N D A F
P Z X F S H Z C C M J R H A Z B G F W Y E Z N
Z A K V M L P G P H C K A K R F L X C N J S E
P O N V W U B A L F E P I N B C U L I L I M K
Y R K C D H U Y I E P W P R E T Z E L J Y E K
X X W D A D R M V O C X I I D M Z U U Q N S E
H V I W K K Y D P H A R P N E T Y O P B C L K
V N V D A A E Y E M O X C G G V U O Q C M O A
G N Y E A F L J U O E G Q K I G P I E B B M C
E U O E I L F P Y O N K D U F S U N D O N U T
U C G E O U T L A G G W A T I P J M B S I S A
Y S H L P H Y F E T B S F C S J W N J Y F L O
K F U S F G S Q D H N D L B P S U K K P C R M
F Z R X Q C V F R S B E X W D U F P E B A K P
Y I T L H D V A C G A Y R I Z V C S K P K O Z
F X S L U F F B R E Z R W I K Z M V A C E F U
D S J L A R Y C T Q I K E Z M W N F T T Z X Q
```

Puzzle 76

★★★★☆

have an **intense bitter taste** and must be **fermented** to develop the flavour.

Puzzle 77

EUROPEAN COUNTRIES

UNITED KINGDOM POLAND GREECE AUSTRIA
SWITZERLAND NETHERLANDS GERMANY SWEDEN
SPAIN LUXEMBOURG FRANCE ITALY
RUSSIA LITHUANIA DENMARK FINLAND
PORTUGAL IRELAND CROATIA HUNGARY

```
M I Y R A G N U H P I V A G H Y P J J P R B A
C W W K E Q M K I Y H T B B F U Z I V A Z C I
Y S T H I N J O O S T S W E D E N H I V H T N
A A U S T R I A X X R V N P L Z X S X I X E U
U G R Z H B V D O D N A L N I F S M P C T M S
H R L M O D G N I K D E T I N U H H M H N T L
D I A A Y E Y Q J J F H D M R R D P E X C D I
F F G I Q A G E R M A N Y B N E F R Z R U R V
B D U A B I R I Z L N B G R B J L X T V E I N
L S T J F T U M L T W G M U R A S S O L S S Q
U C R I B A N S B G E R Q V N T Q K A M Z E M
X Y O K S O C W B O S Q E D H P T N Q U L I R
E R P X E R L I N P J V S X O K D A I A T P V
M W W I H C D T L M D I K L G Z E P U A C J P
B H E I M L W Z H J K N A T P D B W L R P W Q
O O S H O Z B E E V B N Q I C U Z Y L D K S R
U K J I T E I R Q D D E K I N N Q U E G X G L
R S A C G F M L J E D P C X Y F C X Z V X I Z
G H O Z P A B A Y N G X P E J V R M D K B L Z
L Z M Y X O Z N N M X H I U E X U A G D N X E
L E N O M Q G D I A V N L I M R O V N C M Y K
P T D Q H A L W J R H V I E N F G A B C X H E
L I T H U A N I A K M T D C E H P O N V E D F
```

Why did the **cow** cross the **road**?

Puzzle 78

ON THE ROAD

STREET   TUNNEL   BYPASS   PROMENADE
ROAD   TERRACE   JUNCTION   MOTORWAY
AVENUE   PLACE   CRESCENT   BRIDGE
LANE   COURT   FREEWAY   DRIVE
BOULEVARD   SQUARE   ALLEY   QUAY

```
D M V E V G D X U P O U D B B F B I U N J Z K
A H I Q Q L B U L S H E G D I R B Y J N A C U
D P F Q B X E Q K E S X B I I F J B S Z T X C
L R L K Y V C K Q U A Y Q R F M Y A W E E R F
W J A R N N A S I A O P K A G A L A N E W X D
B U Y V J T L A U Q Z D C D Y A C A I Q R H Z
Y N X F E Z P K R D C Z R L T J G V X D E E Z
P I R Y G L H Y F S R W I I O B Y C W V B L A
A X D A Y D U J Z H E Y T V V E N E E D Y I T
S Y S W A C V O Q V S A U M M E M K L A E K R
S V P R C R Y J B R C B A M Z M G A V L H O V
B P W O D A V U M U E V F S V Y Q A M N A V N
V Y S T G E S D G M N V K G L M V A V D B E S
E J X O K S H Q T T T Q J B P N W X X J B Q O
F O A M T V K E U L C X M K U R L L O I N I P
D N P N C E M C D A E U N E V A O D Q R H B T
Y T O S K F E A E A R B R H N D F M G Q R L K
O T N I R O M R D V U E Z Y J I F H E N E I S
N X V Y T I L R T B Y O Q L P T X C B N U B Z
V Q M H Z C Y E F S L N M Z R Y O D N M A Y U
B J T M N T N T Q F W R P U Q C V U E U J D T
R X R A M Y A U F I L V O N I W T Q M I V A E
T P J U O X T A J I D C D W A A R G Q V L N O
```

★★★★☆

To go to the **moo-vies**!

Puzzle 79

BRAVE SUPERHEROES

SUPERHERO FLYING   MASK   CLOAK
STRONG   INVISIBILITY RESPONSIBILITY COSTUME
COURAGE   SPEED   POWER   HEROIC
TRANSFORM LIGHTNING   RESCUE   SAVIOUR
FIRE   DISGUISE   AMAZING   JUSTICE

```
H P Q D K A S V U G W V O C P Y O V R W P W C
O C R Z Y G I I O G O S O Y Z L C B K D D Y A
I P E O J I L P Q O N Y T K X D G U J F Z A M
I E D W R H H Y F K Y T I L I B I S I V N I R
T B M I E E A P V Q B Z U G A G M R F F Y W J
N B G R S Y H R E S P O N S I B I L I T Y D N
W E O N J G T R X R I G J R H G W Z M T O F J
G I M H O Q U I E I O O V F E M G U A W G B M
C K J X W R V I C P N D O D F S H K S S P D Z
M M V X A U T J S H U I U P D H C R K D Y P H
J U S T I C E S P E D S S T E V Z U M G O S L
F B Q M R O F S N A R T W G J L Y O E W E P V
B L R T W G C Y X C Z A A Y T K Z I M Z L E P
W A Y S J U G M J Z L R N O Q C G V C C Q E I
F Q G I E K C O S T U M E C Y L J A H N B D W
E I M I N X L X A O K A G N Y I A S I I L A Y
C C R C S G A E C S B F Y T K G X Z Q G P M A
V V B E Z G A B S Z A W A Q A H C B T O I M Z
X N B A C U Z K D Z S D A F G T I N W I A O X
W A P X L Y V D X N S B C N T N N E B Z J V D
X S R Y O V J Z Y J R O O G Z I R W I N Q T V
Q T R H A A N Q L D U M A L R N N N B K U Z B
R N I H K N O K F E A I I K E G G J W H A W U
```

★★★★☆

DID YOU KNOW The author who created **Wonder Woman** was a psychologist.

Puzzle 80

WICKED VILLAINS

VILLAIN
DANGEROUS
SELFISH
JEALOUS
SNEAKY

CRUEL
WICKED
NAUGHTY
TERRIBLE
ENEMY

CRIMINAL
FRIGHTENING
NASTY
NIGHTMARE
VENOMOUS

RUTHLESS
SCARY
VICIOUS
VIOLENT
HORRIBLE

```
R P V B P V G K V X W W A J T Y R A C S W J G
N Y T A N Q I R P J Y N V I X Y I D Z M Q R G
O J J G N D H C E T N E L O I V K A O K T U O
A E V O X H K P I U V Y H D B T J A V V Y T X
H A A H D O O B R O Z R L Y E Z Q Z E B W H G
S L M I O I Z B J O U E U R T A Y W C N R L J
U O F K M L N D A R A S R U H H G S K F S E P
O U B D B A V U S P S I T U J M G B B B V S Z
R S J S N N I N B M B M R L X J G U I D L S N
E Z S U Z I X S Z L M S K R M D N V A E D X H
G I E C K M V Y E O Z U P A S Z I I O N L P F
N V P G V I P S L U X O N U N O N D C E S V W
A F S S Y R C R U E L M I F A L E E E M Q Z S
D O X G W C M T W W A O T B S R T D S Y N U Q
H Q U W H W N Z C P W N Y T T R H U E W P E A
W M B H X S I H I T T E I J Y Y G K R K L P V
P R S S T K G V Z J O V P O N V I Z K B C L W
Q J P I A M H B I H J Q V D M T R X I C X I E
F M I F R I T O M L B Y O L P V F R M C V Z W
J P Y L F Z M G N K L B E N J U R I U Y U C M
X J P E W D A B U D R A O R O O G D E T W Q M
F U D S A X R U U K Z C I P H Q I B N R O W T
F X A Z Z C E V U W U O W N F Z F Z X Y P Z X
```

★★★★☆

He also invented an early prototype of the **lie detector**.

Puzzle 81

AFRICAN ANIMALS

ELEPHANT	HYENA	OSTRICH	GAZELLE
LION	RHINOCEROS	CROCODILE	AARDVARK
CHEETAH	CHIMPANZEE	WARTHOG	OKAPI
GIRAFFE	BABOON	GORILLA	MONGOOSE
ZEBRA	STORK	WILDEBEEST	BUSHBABY

```
U O S T R I C H X Y L Q D H I L C J Z E S F W
X Z B I W X L T L L X W S J P Z G E K H A Y I
G C M P Z E C H K G B X F A J A B T K U P C L
Y M H E P D L B B T U R H X B R D U Q E E F D
O G E W A V V E K G S F I P A K O S P T H N E
L L L Q N N F W P U H J J Y E O D T E T C H B
K K L R L O H R S H B C R O C O D I L E M D E
F T E S X O U P M M A D K W G O P F A K S F E
A W Z M R B I H T G B N V R Z U G E A N W M S
J U A U D A K C A H Y W T H W F L D K N K U T
X S G G G B M G V W K L S R O H Y E N A K B F
V W O O Z M O J O Q D V V V G K W D G X D C P
C I S R P T N A K K R A V D R A A S M D L G E
K S N W E R G R L R Q K G Y Q Y F G H J S E O
Q V K V L C O G S L O Z N O N N R C C D Z W K
Q E G K T B O N O Q Y T P D B D H Y G N Y H H
W U Q I Y D S N H R B Y S V U Z X V A C X A A
D A K Y R A E K I I I P N I N B E P I T T M S
Y Y R O S A S L B H F L P G V T M C C E N Y L
T Y S T O X F X A G R G L S V I X O E A Z F I
H L R A H X A F N Q F Y W A H O M H U T P H O
G G I V C O V Z E Y J E T C O P C T W A L K N
L E P C J J G S H L M B E B P G A C L F F N T
```

Teacher: Can you name ten animals from **Africa**?

Puzzle 82

SUMMERTIME

SEASIDE
SUNNY
HOLIDAY
THUNDERSTORM
PICNIC
ICE CREAM
OUTDOORS
WARM
WATERMELON
DAISY
SUN HAT
SUNFLOWER
CAMPING
BRIGHT
BUTTERFLIES
SUNGLASSES
POPSICLE
LEMONADE
SANDALS
POOL

```
J T L X S R X N S E L C I S P O P Z T M Q F S
N B E D I S A E S Q G E U P J Y P O R M W C Q
O F R G U N M O Z W P Q B U D O E O G V A K Y
L X Z H K A U H O P Z D I U F B T E B M W M D
E H Z U Z R P S F X V X D I T S Y S I Q O M Q
M S U Q W T P O O L Z D U D R T L L B P Q D D
R M S U N G L A S S E S Y E K J E U S G B A C
E D A X V J B S G P A D D U L G S R K R I O R
T R P E O V J U T M R N C I C Q A I F S E Z O
A E H T R D Q N Z N U O A N R H N M Y L I G T
W J Q P A C D N D H N E M Q E W D Z W X I L J
N L C A H B E Y T U H V P I X B A L C H E E L
L I Z V H G V C E K E E I U O F L Y C M H Y S
A W B M O W S U I Y M Y N Q K T S N O C X I S
N V P L L J R M R J W P G A R J A N D I M R H
B Z E G I S R O O D T U O N Q E A E D N V V L
Y F S M D X D D U H A Q J T L D W W M C Y F R
F P U U A S U N H A T C B I E H E O X I J Z L
T A S V Y P E J G J O R Y P S V K I L P I O N
C A B M K H Z U H V I E T A K H F H O F E R G
U J Q Y R L U U K G P Q M X X H L N K J N D E
I A C D N A J Z H U C E L A B Y J X U N A U W
T U Z E E O W T X Y Z C G Z H S T Z K D V T S
```

Student: Nine **elephants** and a **lion**.

Puzzle 83

ROMANS

- ROMANS
- EMPEROR
- SOLDIERS
- ARROWS
- HELMET
- COLOSSEUM
- EMPIRE
- VILLA
- SHIELD
- GLADIATORS
- SLAVES
- TEMPLE
- CAESAR
- LATIN
- CONQUER
- HISTORY
- TOGA
- BATHS
- CHARIOT
- SANDALS

```
K Z H Y U X U J S O A B U E L P M E T R Q A Q
O E Y A F D F X O E R S X V F C P B E G Y A L
A S A N D A L S K D V Z V E T O I R A H C O R
V V D R D R J M N Z A A G C D X X W A Y C J D
N K L L V A Y U K N M U L T J N R Z G V X I M
L X Z X L Y D L S L P S S S N V E Z O U C T D
A A Y R W L L O O W R J R A Z F O E T L O K K
U A T I E Y R V O O D Q N E R P A T A O L K S
D O Q I P G X Q T S Y S J W I B Y U P X O U M
U X H E N N V A O D O X U E M R Q Q B L S E L
S S R C B B I R D L F G S Z O P G E O I S Z A
H Z H W F D I L D A O X M T R C O N Q U E R J
T H R P A W Y I M L P G S P F R S A A B U A V
A E A L F M E M P B S I R S T C E W C J M F V
B O G O K R U L I W H O W Y E L N U O K Q S H
T V X V S A U X D Z R L V E Z G F S A R U D Z
A T V U Y E Y R Q E B W R O M A N S F B R N P
C E R Z C H J S P T K E N F N T I L F A J A M
T M Y R X A O M Q U X N M N L A H Z B V P M V
L L T X U H E H U W H U G P J O A K X B E Z E
I E M K P P W S T F K C J Z I F B M V I L L A
Y H F T J I L Z A H Z X W F Z R D J K C O W H
H M W V N S Q H Q R L X V V U N E Y E L E E T
```

The ancient Roman diet included a **wide variety of vegetables**.

Puzzle 84

FLOWERS

- ROSE
- TULIP
- DAFFODIL
- SUNFLOWER
- DANDELION
- ORCHID
- CARNATION
- BLUEBELL
- SNOWDROP
- JASMINE
- POPPY
- VIOLET
- BUTTERCUP
- DAISY
- FOXGLOVE
- WISTERIA
- DAHLIA
- LILAC
- COSMOS
- HYACINTH

```
M G E U N Z K G R S C E M H I X V T T L W Q A
F R E V N L O Y G L O V C D A T R H E L I Q M
T P O Z O N R N Q Q X A F I M V Q Y U S D N B
P T B Q P L W T C Y R V L M S H J A B X J O I
Y S I A D U G G X N V H I U U E U C T H Z H R
S P X D Z P Y X A J A G V R N F Y I Z H E T F
T A D M T O I T O D J S X E F A P N Y T V B N
W I Q I G U I L T F R L F P L D F T W P R J K
L R B C H O L J O U F A I W O U E H E H P P Y
E E R B N C O I A L A S N O W D R O P T Y O E
A T B T R V R C P G Z R N M E X A X A K J R P
I S K R E E A O R F U L O S R R V X D L I Q V
S I O N O I L E D N A D H Q G T G S M C Q W O
L W M D N M R S C P U C R E T T U B N L A L L
T E L O I V R M J V I R S N C P F T D I Q H L
W B D Q H Y O H W Y W L T Y U Z O Y O D M H E
E Q W V U A A G T R L G H F Q U T Y E O L I B
X N W U T K L P V H M I A U X O C G D F G O E
D D I A N T X I C K M M L G U O A P L F K L U
O V S M R W T H T Z M M U A S X G A U A D Q L
N J G O S I G F L V E K Y M C S X A L D T U B
O T S C D A J C A R D K O C Y O V T Q G N V G
F E D V X Q J H I J T S O W H L Y I B A C R M
```

★★★★☆

They ate **carrots** of different colours, but not in **orange**.

Puzzle 85

VEGETABLES

- TOMATO
- POTATO
- LETTUCE
- SPINACH
- ONION
- ASPARAGUS
- CELERY
- CARROT
- TURNIP
- CABBAGE
- CAULIFLOWER
- BROCCOLI
- CUCUMBER
- BEETROOT
- MUSHROOM
- PEPPER
- RADISH
- PUMPKIN
- CORN
- LEEK

```
N L K G J Y R E L E C Q K S X G L V K F K R O N L K
W F J S N D Q M R C S N U Q P T R L O Q I A E W F J
N J D H O J C E J O Z G E U Y Q Q X N H C B W J J D
R R O Q P H P K Q N A Q P N N Y B L G G D E I R R O
O G X W P P Z B Y R N R I O I Z E O H G M E O D G X
C W L V E D S C A N Q T G D B T P U X H D T K C W L
Y F A P U E U P B C I R D V T M R E S P G R A Y F A
E M J R U S S T O V Z R B U M P K Q S O H O S E M J
J Y I K K A T X E T P U C O M H N Z G T O O Y J Y I
D J A K G Q J Y B X A E M J W W S R F A Q T M D J A
M V P P Q T U Z R Z E M H T B H K O A T C O L M V P
S O V I I Z H L G E O A O A T S R V H O I Y I S O V
V H O N U P N R C B D O S T Q I D H A J R L X V H O
P N A R H N O M W A P V C E N D C V Y H O Z C P N A
G T L U H M G Q J Q B U Z W G A Z E Y C Y C J G T L
T C X T V S Z R S Y C B U X M R X U C A D A K T C X
R J I M T D U H D U U V A U E I Z O G C O R I R J I
J Q B R H Z B M M G Y X O G C O R N V A F R F J Q B
S S K Z S T L B K D I T P G E B R E Q P J O A S R K
E P I W R Z E W A K T N T H I Y J D U U S T H E X I
J I W D F R M S U E W P R A P Q Z M E P O J H J D O
A N M K S W R B M E N Q W B E A P Q C O Z F B A N M
K A L I O Y U R T L A L I E D K D A R O Q W X I O L
N C C A U L I F L O W E R S I G L V K F K R O N L K
W H J S N D Q M R C S N U N P T R L O Q I N E W F J
J J D H O J C E J O Z G E U Y Q Q X N H C B W J J D
```

★★★★½

Why did the **banana** go to the **doctor**?

Puzzle 86

FIRST AID KIT

- BANDAGE
- THERMOMETER
- TWEEZER
- SCISSORS
- GLOVES
- COTTON BALLS
- SOAP
- PLASTER
- GAUZE
- ICE PACK
- OINTMENT
- SAFETY PIN
- EYE DROPS
- ANTISEPTIC
- BLANKET
- ALCOHOL
- PAINKILLERS
- SUNBLOCK
- BURN GEL
- STERILE WATER

```
I Y U S R M J C M Z S G E I C U C R X G L Q Z E D K
X W J U M P Y D U L Z Y R E T E M O M R E H T Y F H
E F S U D T X Y L I H T G A H G E Z M G E U I S M P
G P L W B U W A G N S Q B U R N G E L X W P U K O V
D E R Y S O B P I R J S I M Q T K F I W M C Q L T L
H Y S T E N K Q O R L X V C D R O S T K J N H A C Y
J E K J O L C S B O E B C J R V D C H O C P D Z B W
Q D E T S P S C S C A T K I B C N I P Y T E F A S U
V R T Q I I M C Q F E X A I T U L D P O U Z N H J R
Y O E F C C W X Y Z B C K W R P V D Z G G L O V E S
C P V S L B F T R N T D X A E P E C Q O M B B S U A
I S C Z E F I R E T C B K E T L V S M W A K K G M Z
P K Z T F T T K J K S B V F S Y I A I N C J R U K X
O D R B P V H I L B N M F J A P K R D T Y Q D C F M
J C B X W M S E I J I A A S L N A A E J N W D K R D
C M L Y U E U B T H M K L L P W G I J T F A J T J D
F Z A Y J I N A G C V O A B B E F L N C S Y O A P L
D W U T P D B T N E M T N I O X M U P K F U M M X J
S V T U U T L S D K O Z A L C O H O L R I Z K B L M
S Q P G P S O D P B C Y Z I N Z L R J E P L Z S S L
G Y H A J P C U Y B J A W T N I H G E Z Y P L M H T
Q V G U X E K F J Y C O P M Q K P Q Y E D A N E G U
K G N Z Z X E D L E W H Q E U I M S F E K O M O R A
J T K E T H U R N M W A R T C T K K R W A V Z G J S
N N I T X O B E L M S O B P E I C S V T D N X K G F
E Q I O S O A P E C W P R O F O X W G P F O G V A R
```

Because it wasn't **peeling well**.

Puzzle 87

IN THE KITCHEN

- KETTLE
- TOASTER
- COLANDER
- SAUCEPAN
- ROLLING PIN
- TEASPOON
- TABLESPOON
- TEAPOT
- CUTTING BOARD
- KNIFE
- BLENDER
- LADLE
- CORKSCREW
- OVEN
- REFRIGERATOR
- TIMER
- GRATER
- NAPKIN
- FORK
- WHISK

```
Z X G S O M C D O C Y Z Y M R E W E X X G T G E P S
V W A E R O I I O I W C B P M A L J N W H C L S T Z
I N A P K I N L B D A Z E Q D D H V Z P G K F F X N
Q Q L E Z Z A G D K Z L Z B L A L V J U T U M N O Z
R C T I N N H N U B J E E N U C Y E L D A L B O H L
Q D U H D I B P S H J C Q N E K A Y W O K L P I M I
Y P D E N U E I C W H Z S B X C M Q L K H S C L X Z
Q S R F D K K D R A O B G N I T T U C K E O F T B Z
Y T H K E W Q Z X L U B D E L E R F H L N A I L Y E
O R B T O A S T E R C V H G S E J L B B T K Y C F K
N R T S W W Q Z M Q O O Y G F O M A A G E E G K T T
I L H V X M C I G R O F R R O R T D V U O T S D P L
E W M K B U J R L E E T I K E Y V K N I F E D C Y E
Y E H F F N M I C T X G T D S R G B L Q V D Y L X U
N I M I A Z A Z K A E W N O F C G Z U S Q O I B H R
U J T R S W W M S R Q E I H V V R L N Z I T V F N N
S R E I I K C L A G L V P N U Z M E S J B R U U A V
L N E R G X X T S B R O G N E V C S W A M F A P S T
P X O V N O O D I W S J N P M V U T B A E I E L T I
P V L O G R P J R G S D I V B K O W G J M C H Y X M
U W Q K P K Z J Z T L G L B T V A F O A U H M C F E
U U J W D S F L J O L T L R X C B V N A S W F G J R
V K D O Y I A J Y P T F O E T H Z X S S W M M L J E
C Y N S O J J E A A O O R C T W N H F Z H N R W M F
B P W Q H W E M T E I R H O J D U B A X I K L P N G
N U L P L N S I J T H K Y W T X U B Q M T V E P C V
```

DID YOU KNOW

★★★★★

Civilisations in many parts of the world have built **pyramids**. The

Puzzle 88

BUILDINGS

- PYRAMID
- WINDMILL
- STADIUM
- CASTLE
- CATHEDRAL
- MOSQUE
- FACTORY
- LIBRARY
- CHURCH
- SCHOOL
- HOTEL
- MUSEUM
- TOWER
- FORT
- SKYSCRAPER
- TEMPLE
- PRISON
- SHED
- PAGODA
- PALACE

```
D Y H G Q Z A Q J Q O S S E U F V T R U O K B A E I
O H H D X P V K K D Q M V E Z A F S M T M X T S Y M
W I N D M I L L N Z S A N Q A A W C J Y D U Z J J M
X O C Q F H Q L L Y K G I F M J F H C Z W I S J L T
X Y O D E K L Q Y R O T C A F H J U A K D H Y E E A
W H M R J J M N A I E E P Y O V X R T P M L D M U T
K E U I X Y P W I D F Q Z W J U F C T A A V C F X M
B K Y X O J U B R Z B V D P J X J H D R O H M D P U
P Q U I M S K Y S C R A P E R P K L D L I B R A R Y
X N G O Z T P S J G G Y M T B P I E Q Y S J Y S I B
W R E W O T E M O I A E E K M S H V F L X B L B J L
S C P W K Z E O M B B M F D X T A D O G A P I B R F
C Y E I D I M A R Y P Q K S A N S A P E N X V F Z L
O O C T L K Z D P L A V H C B U U A H G U L A Q Q U
Z E A L N F J J E F Y E L T S A C M T V Z Q Z I P L
E D L A C F F I G L D L Z R B H E E V Q O P S W T K
R T A P N V E H B E M F E C D K Z X J Z T G J O Y N
Z Z P C C Y A N D T B X H F D Z K M X T A Y V P M D
N U Y L H N V A D O K V O V N D D O F N F I R B N Q
D S Y M R Q G X N H S R U B I Y U P R I S O N O Z Z
B P Q C U L I U I L T V D E K P I K Q W N D M D E N
E W U O V I F F A R O D Y N J P T I U T O S C H U V
O K Z I K A D C U E L O W C J E H H F S V V U X L Q
D C G A L Y O A I C E J H A B P M D Y G G B D C M A
N H M I P O U M T K T B S C H L D Q Z J Z D C E M X
L W M Q T D F B X S N A R B S E F P F K L V Q R I U
```

★★★★⯪

largest pyramid by volume is the **Great Pyramid of Cholula** in Mexico.

Puzzle 89

ALL ABOUT MOVIES

CINEMA
TRAILER
AUDIENCE
POPCORN
TICKET

REVIEW
CHARACTER
ACTOR
ACTRESS
DIRECTOR

PRODUCER
SOUNDTRACKS
ANIMATION
MUSICAL
COMEDY

THRILLER
ROMANTIC
SCARY
ENTERTAINING
DOCUMENTARY

```
B N A G Y O G K H H G E Q B Z H S A U S R O T C A R
E L L R K K Q A C T R E S S Y R Y M K P P A F S C T
R M D A C T C E R R X B F H T L C E E G A P L G U R
O X W L Z O C S Z Y N H L G H V A N X L X U Y E J Y
K S R O X N F E P L A P R Y R G F I T H D M R B A R
Q K A C E U B Z F V F T Y C I N B C L P B B A C T O
O E E I I D X Q M H G P W Q L V U T M C L J T J E F
R K D F Q U V R X G N Y U X L G T D K C Y G N N M K
F U X R N F O I F S I Q S Q E O Q B Q D N U E I B H
A L F Y L T L J M S N K R N R K N C E B F X M B M C
J R Z M C T O P E C I O H V O T Q M Q D A C U S B Y
R N R E U R L I W S A W L R Q L O R C X N G C X J K
S L R P V S V J C Y T R Q O K C A E C Z M G O G F O
J I V U S N I A X W R G B D F S Z Q P M G E D A T U
D S X H T V I C O D E K B S E L T K D C C G N A B S
N W W E V M D F A X T T V R O H A N I M A T I O N V
J L N M N T E N L L N L A E X U H X V H M D Z G S I
W Y V T X G R K E S E P Z C G K N P P N J I E A J B
S U P V U O R R Y S U Y S U V J K D O G A L N A B P
E A I Q C F E T O J B R Q D W R L P T C L L A H E C
U F S P B V D B H X W A A O T A E D O R V V O Y T T
U K O C I A T X W M K C Q R X R N L Z G A J T M I Y
J P B E A X P O C P K S Y P N M C U I K C C M T C H
D Q W I H E A A K M M J G C H A D K A A W L K U K E
Z N B K E R L T L C H A R A C T E R E I R H H S E T
L P Q B U R O M A N T I C G D V F J L T N T C R T K
```

★★★★☆

Why did **Luke Skywalker** always sleep with the **light** on?

Puzzle 90

HOSPITAL

- DOCTOR
- NURSE
- PATIENT
- SYRINGE
- MEDICINE
- STETHOSCOPE
- THERMOMETER
- WHEELCHAIR
- CRUTCHES
- PARAMEDIC
- AMBULANCE
- MASK
- HOSPITAL
- SURGEON
- WARD
- GLOVES
- INJECTION
- BANDAGE
- EXAMINATION
- PRESCRIPTION

```
S H E P A T I E N T Q J R P P S T E T H O S C O P E
R W M Z I R W T P N O T N P V O G R Q X N M F Y N Q
Z C P H F Y E Y Z W J R R F A Y I B F B X U K D J W
N E G H A S F L J I R O T C O D C B N N Z S R B D Z
D O J X N V M E D I C I N E K Y W F R S T A Y S L G
G X E H K V Q H D O A V G F J G G M Z K D F G E E R
G J J G N P K U D I L X I E T K A R K O Z I M Y A U
R Q N D R D P O P A X I O H S R I A H C L E E H W I
N L R M N U H A W H V U E R J Q M G F O Z M P M O N
L E J D F Q S B U F K R E K E I A L G J B Z X G C J
G C F V C P B C O Z M O N X O M U L C J U S O N J E
B A A N Z L J T Z O B H A Z U P Q M G B E E B O V C
X S Y R I N G E M A O M C A E H A R P L O T Y R B T
K W U M W A B E O Z I Y I O I I I V P W O H G V P I
K J V W A Z T O M N O I T P I R C S E R P V U F W O
R Z N U U E P A A W P I V F C W C R U T C H E S G N
F O H N R R L T B U I I T D Q Q Q C W V J A D S E F
K Z Y M M P I E O D E S B R P N Z T P M A S K C D P
I O K X R O K O H G K A X A H U R U E M C N L J A R
G W T W N N A W Y O N N D W G H L D B I I Q V R L H
D H Q L X I S X S D S M E H Z C O U H L A O A U W S
M I C F Y D X R A U W P S R R O L O B R Y M B F A K
C Y N D R V X G Q X R M I M E A F Z X T E X P K L L
X W L X D J E V D A Q U P T N I F V Q D K P V Z F Q
I O I Q O U C P Z M Q S Q C A X A O I P N G D D E K
B P S L I M R K K X S L E E B L V C F E Q E U F A X
```

He was afraid of the **Darth**.

Puzzle 91

GARDEN ANIMALS

BEE	BEETLE	TOAD	SPIDER
BUTTERFLY	HEDGEHOG	DRAGONFLY	MOTH
SNAIL	CATERPILLAR	BLACKBIRD	WOODPECKER
SQUIRREL	RABBIT	FROG	OWL
MOUSE	MOLE	PIGEON	LADYBIRD

```
B P C V I Z V J B I J W K D R I B K C A L B F G O D
S Z Q E X K L E K Q Y O S R N K P K K T Q N L C U R
Z S G U H Y L F R E T T U B T F A N D F H M E E J A
Q U H T K V B Z L Q S C U M K V H E D G E H O G G G
J U O Y W P O D E P M U H E V M S T R I F E O B X O
Z M E V I A G T Y U F I S Q Q V X Q K S C V D N M N
Z O Q G G T O W A L Y Q F X G H V G U Q Q M Y S R F
J V E U L Z F W I O V Z W F U G B K C I K O H A O L
C O G Z A S W G L M E A I B R T A M A Q R J H K D Y
N Y V X W T C G P R S P K Q L O W S D H V R R Z M D
E P Z N U P N R F L U T G C T W G V Q R V A E N R J
Q C A I Z U D A W W O E Z H U U W A A X B N A L X T
A P C R P Y X L Q E M Y D X A D J I G B A W M I A R
A E O O K X V L X F B H O A X X C T I I E X I O F T
W L U T G C O I F F A T N A O U J T P R F C G H Z M
J T Z D Y Z S P D Z Y F D M V T H R T Z N T W A K Q
V E B Y E V R R W P I I K U J A J Y G L Y O E D P E
M E D W B E X E K M S B I G J Y U X S G O W D U Q U
X B H U D J T T Q S M S Z L J F U S A D A F U L P O
L G X I D R J A P I X O G S B J F K P K G T A H O M
H C P Q C B Q C X R W T L N J J P E R H L D K H P T
V S G Z K O H T F H P P G E D R C T J M Y X N L V J
B F F V M T A S Z H W I H Q P K Y L H B Z P Y I P Y
M B Y I P K P G D W J Q F C E W N D I D Y O I A L E
D E S C S G P B P E U X X R X B M R O T I N B N U Q
E E F H J F O E R Z W T A B X X D X N M N U G S T W
```

★★★★

Hedgehogs roll into a **tight ball** in self-defence, causing all of the

Puzzle 92

COUNTRIES IN THE AMERICAS

- ARGENTINA
- BERMUDA
- BAHAMAS
- BARBADOS
- BOLIVIA
- BRAZIL
- CANADA
- CUBA
- CHILE
- COLOMBIA
- ECUADOR
- GUYANA
- GUATEMALA
- HAITI
- JAMAICA
- MEXICO
- PARAGUAY
- PERU
- PANAMA
- UNITED STATES

```
M N F A S R C C H L A M Q R W Q V X C R X T E Z D L
E U T Z W L Q V H A T L I M P J O L G T R X U T Z E
X A B K Q P I Q H R X X Y F G A I A J L T A H N P L
I M U R K V R A S G H B R M I K J X F M D A I U N E
C X L E B K P I O E T C W G L W B S S A A E K Y V G
O D H D H W I P K N E N B N V H J N N O U F Q V H H
J N H J D R B B G T U J E S P W Q A D M F M I V F C
W J V W A P V N X I N M C K P I C C N J O I G F J B
E B S C X N A K S N Q Z U N I T E D S T A T E S N V
P O A O X R A G B A M R J M K D G U A T E M A L A I
L L V S F E E Y V A O Z M Y H J A O O R E K H V J B
T I M N N A D I U D H F J M U B I A X L Q F L E E X
R V E D C B N D M G G A A A U T L D I Y C T D T C X
B I G W O N I J R I R R M C D I W H T T N R X O Y H
J A J K L L V D P C E T R A D U C V K K X O P F W X G
K J B R O P I U S Y U I S N S L M W Q D D S V M M D
W W J N M J G N C S P H J V C S E R A F J E I W T Z
D K U Z B O T A Z O I O K M A H R U E A O O L A J J
I R P V I I I Q P D P A N A M A C X W B C H Z G A B
S W M A A F B S W A I C A M E E Z F Y R E G P M C T
U B G A R R O S O B L H J B C E Q P P C J M A H N S
M H Y D K A B B E R G L Q U R J L T T U R I J T Y X
A K A V C L G E D A I L Y E B A I F R S C F L Y U O
Q F G I A E P U Q B G W A A Z Z Z E I A U X U H Z M
T J P X T D L Q A W N G P S M P P I U K D K E M T N
R V J N L I U V P Y H K T L B O G M L J W N X N T R
```

★★★★⯪

spines to **point outwards** to protect their tucked-in face, feet, and belly.

Puzzle 93

NATIVITY

- MARY
- MANGER
- JOSEPH
- DONKEY
- SHEEP
- STABLE
- MYRRH
- BABY JESUS
- GOLD
- FRANKINCENSE
- KING
- WISE MEN
- CAMEL
- ANGEL
- STAR
- SHEPHERD
- INNKEEPER
- JOURNEY
- GIFTS
- BIRTH

```
I C R T C I A X Y S D G M G P V X L S I V U Q I A H
L B W H M D F Q X R L R F A R L I V D I A B Q G B P
V L Y U E N Q C G Y O Y L Q F W C T I K U M Y E D I
Z M F N Z H Y K P Y G E B Q B G V J D X K Y S C O M
Q N D H D N H G S T E Z Y W K Q G F C K D N Y E W C
E D J P N T P J G H S H E E P Z G Z A H E F G K P N
S C Q H S K V F I K E G W I S E M E N C Z A S Y U F
V A X L N I W U Q P A P Z I W R M K N R E J T Q L Z
J M S H A Y J X M C C N H Z I T J I A J N B T G R X
G E V S J J E J F A W H M E L S K S U Q S T A R K R
U L M Q E I F N N A P O F O R N G O E U Z C H J A R
Y J T T Z U M G R C M A R Y A D G H N M X Y V G A N
U D K P R B E W S U Z P U R P N N R B G N G P S R C
Z H G E C L Z K E Z O B F D F O J N X X S N T Y W I
G H A G R E G N A M R J W H N R G T O N S F M B N O
A V F O Y Z D Z R U S A U B O N R Z G S I T P N H Y
X G C E H B A B Y J E S U S L L I U J G G P K M V J
H J S P I J N X L O B Y D E M Q A J K H W E I I Y X
P K Z S N D L D N K H Q I M O R D Y Z S E L T V L G
E X X Q Q J Q N O F P C S Y T C T X E P X C P P W N
S Y K W X C H R R Y M M M S E F J P E K X H W T T I
O D N D P C H Q L I L P K J T A W R Y X N G T O J K
J F V X K E T T I B B S Z I F A Z H E A C O V H G I
H P A O G F R L H V R J I C U F B R B E V X D N R D
E Q M D S N I X B B F M X S O Y V L Q K L I T E G Y
W D V N G O B Q N R D N W S I J T F E A Z N B U Y Y
```

★★★★★

What type of key do you need for a **Nativity** play?

Puzzle 94

AUTUMN/FALL

- APPLE
- HARVEST
- PINECONE
- SCARECROW
- HALLOWEEN
- TREE
- ORANGE
- BROWN
- YELLOW
- HAY
- THANKSGIVING
- FEAST
- ACORN
- FROST
- PUMPKIN
- MUSHROOM
- RAIN
- SWEATER
- LEAVES
- TURKEY

```
M S G S C H S Q K Z I S U O P S W L S F F D P X L D
U Q L V H W X U D Q L P D R W O R C E R A C S Y T Q
S O I C E A M P X K B C Z Q A S D E L V T Z E S I D
N W C A E J K Y L R A T Z E X Q R U D L B V N U Y U
M V T A C O R N O A M N S A N T A W A H H R L Q C J
S E D I E J V F C J S S W B V O F R V L T V O I X S
R P U M P K I N K Y E L L O W Z F W V S P K P W P M
D R Q G T R S X B S B N B A D A X U H G Y K Q X N O
B B W G N Y W H A Y E U O O K L H A E T P S B K O Y
L Q W A N I K B B G A V A S R T R Q V B E O O V G M
W Z L G G Z V F A W N B A X B V N P I P E B M B K D
E L K K V I E I Z F P T Q E E L P O E A P P L E R H
H X J G G J W U G I D V K S L X B E N O R W Y L C K
N Q F P I K Q A N S Q W T T D F U G O N G E Z O R M
F W B W J J W E A Q K I K G Y Y E N Z C Y N A I K X
Q R V T W Y C P Z Q I N K M M L J A E O Y M B M X O
L D O O S O G Y R Y K F A T Z I S R X M R Q N X K M
K U M S N V E W X I H W Q H Z L Y O H J U O D E Q I
T T A E T B S O U G A T Y L T B S E K I Y T K W L Q
S U S G J D Z N A I L V M J M R Y R U Q T P S I L G
O R D L J Z P T W X L G O P T N Y E G S R W L A O H
W K T F W B U B B V O P H B L O K D N N E R X P E T
N E I P B M F M E Q W S M O O R H S U M W A Z Z F F
U Y A P L R D W G P E E G S P I P X P A V I Y V T Z
J N X C S W X Q C B E X R M K J B C D T I N A C P P
H L S S Z V V R T O N F F Q J M B W R C X X N M U S
```

★★★★★

A don-key!

Puzzle 95

OLYMPIC SPORTS

ARCHERY
BADMINTON
SOFTBALL
VOLLEYBALL
BOXING
CANOEING
CYCLING
DIVING
ROWING
WRESTLING
SWIMMING
TRIATHLON
GYMNASTICS
TENNIS
RUGBY
SAILING
FENCING
GOLF
WATER POLO
WEIGHTLIFTING
ATHLETICS
FOOTBALL
JUDO
CURLING

```
C A W Q M L P L N K A G N I T F I L T H G I E W O E J H R
K B L R Z Y S F Y U P D E S T T O B I D B G B T M K M J S
O I Y M E U J O K W N Q E K H T O G Y O N U V L M L O N C
O G C W B S S B N E K W K B Q H N M S N M O V R E A C P L
W D I R G X T A N O T N I M D A B Y M S J I N Y N B M Z C
U D I U N G N L V X J C P M P Q A G D P T E N N I S D C R
W V D M I W L T I K P L N I Z C N R X P U D H Z Q I L A N
A U D P X B E O J N Q H E X C I F Y C T R S S G D V Z Y C
T F N J O I S X F J G I T S W D B T Q H L K G C F M U A Q
E J G A B G G C X H E I R O V G Q P P S E J Q D S Q R M A
R N U R K D P A G G O X R O U K U S J A W R V H F I L A L
P K Q Z O P C N K W Y A P R B M N V I I A S Y A D M E L M
O A C Y F O W O C H T M Z Q W Z E M Z L Z T K T M L A C R
L R O D C B J E S M K H N G O M L U J I O H H Y D B S V D
O Q G Y L T F I J K X E X A S S Y Z S N V S C L Y C K Z U
W K U V M M O N E N V U Q E S Q S X U G J S Y E E L B Y C
L L C E D N H G O W T G E V Z T W X Y D A U L F F T O W Z
N F J D K V P L D O M Y X E Y Z I N V O M L P R E S I W T
S K G W K U H G I V K R J K W A M C B U O W E I N I A C R
V Q H V U T L C B P R U X L D R M L S V I G M D C L M J S
Z W T L A L L A B T F O S J N H I E W G G Z T C I E X J V
T W X I V E C S V Z V Z S U H D N J G N S N K C N V D R C
U U R A K R S J A G C C H D Z L G W I L D E L S G I I F C
N T W R S W N G G W Y B T O K F O A L B L Y I B X Y U N P
V H O V B W H A N M C K N Q R W D A T F D A I T E L U S G
I N V B T A D K I J L Y W P T H B V G V E V O W C D F B N
Q G Z B H A M U L W I K J I B T X Z U W B O O P F O L H H
I A T S J D A Q R A N R X E O B I N Y E Q T L H C E O M C
H E Z O F B X M U D G J T O L A X U Q Y C Q G G M D G J G
Q V N W I R L X C D W X F X H J V Y I Y F K V J Z W Z A C
```

★★★★★

DID YOU KNOW

The **five-ringed** symbol of the Olympics represents the unity of the

Puzzle 96

POLAR WORLD

- SNOW
- POLAR BEAR
- ARCTIC FOX
- ICICLE
- GLACIER
- ICEBERG
- SEAL
- REINDEER
- SLED
- WALRUS
- IGLOO
- EXPEDITION
- NARWHAL
- FREEZING
- HUSKY
- PENGUIN
- SNOWMOBILE
- SKIS
- COLD
- ESKIMO
- SNOWFLAKE
- SEA LION
- ANTARCTICA
- NORTHERN LIGHTS

```
F X G K O Z H B H U N I X F P D H T Q G K D L X U L X V A
L D G R W N F K R M B G H V K V K H L W X H N U Y A G B S
X C Y K E C T X E T V Y F B P Z F H X I D Y Q F V A T K O
E L S P N B K R E B J W O J H Y K S U H C P I E U C I B H
W E U B I V E C D R F K G B Y S C B V J I R C S E S I E N
Q M R V I Y F C N A P R R B L X V N O I L A E S P B L U X
J Q L O I H P R I D B B J V Y A X C S N G K L V E T O U Z
N S A T E X L Z E Z Y M D X P E I T S M J Y M T N A N Q J
B O W T Q K S P R E U A P I H F P N W Z O J S B G V W W L
T C I D Q E A T U U Z E Q K G Q E N S J D F F M U O I A C
C S I T D B O L I P M I P N P B F O X L S S G L I Y F K R
X O S W I J E G F W K O N S F T W D O E R D C J N T E S G
C F A U H D Q B O W I O Y G S P O C G U R K K R X O G T R
C Z U R T B E N R B O S D M M Y M D K M Z M B O D L P H B
I W L O O J S P I G E N Y A M P C G M G X Z F Z W B I G H
K X L N M E I Y X A S D S Q F K T X J O U C F E W G S I L
Z A A Y E D R N L E V N V W P E S U B A I I O N V I J L P
H W J W L J R N M R X I Z J V R Z F Z T J B G I E E Z N M
B Y Z S I A N T A R C T I C A M L F C V V D C L P S X R S
X G H X B Q C R U I D R F K X W N R T O O M D O O E E E G
J Q O K O M Y E Z M T T O U U N A B L R G M L T L O X H G
W M Z Q M M B I V Y F R T Z A D H L P N M A I H J E D T J
L J P O W F F C T F L X Q R L Y S R L K R D B K J X Q R Y
Y A D D O H P A J F M C W M X U O U K B F F Z Y S Z B O G
S Y N S N Y G L H C Q H U W O L T J E S U E W G E E E N X
T L B R S V X G X X A T N J C V T A F L Y N Y R F L W T P
H S Y K M T W V J L D X G A D Z R S E E A T W T C M A D U
M P A C X M B N R X O L Y W V R E O K D R L P I R R P Z D
L K G D I Y K X K V X L N D E Q C B A G Q Q C E C S H E E
A Q K S X X S X V J A E E Y L A C S R J Y I L A J P G G E
```

★★★★★

five **inhabited continents**: Africa, The Americas, Asia, Europe, and Oceania.

Puzzle 97

ANCIENT EGYPT

- EGYPTIAN
- PYRAMID
- SPHINX
- MUMMY
- CLEOPATRA
- TOMB
- PHARAOH
- TEMPLE
- PRESERVE
- COFFIN
- SLAVES
- AFRICA
- NILE RIVER
- SCARAB
- CAMEL
- CAIRO
- HIEROGLYPH
- ARCHAEOLOGY
- HERITAGE
- BURIAL
- DESERT
- AFTERLIFE
- SICKLE
- WORSHIP

```
S B E G L M P R E S E R V E M A Z P H A R A O H D K R N Y
E G C X R V Y H O Z N W Z L O U D Q J K T Z U Y E F I E Q
V S G A B P Z S V J O F L Q A E C E W H X C P E E V D L G
A I Q O H I E R O G L Y P H S I H X M Q U V H J G E Z Y P
L M B E I N M D W Q U C P E C X R W C H P J O W N B W F O
S B K A M O Y T D Q P V R S Z H A U N Z A B H M U M M Y I
M J P M R E M M K B X T E T O I D M B Y E E D X K I W R F
G D B E K A Q M R W U G U J K B S A U T R X C B P P A H Z
L T F G E E C S S G A I N G D T U W X I E Y D D H K A S Y
X S E Z T R T S X M L W E F I L R E T F A W Q H X N R O B
Z H I C H L F U I I B P W U Y A X A R A M R F O T U A L K
X U D U K R N L U B K A D O K Q G S O O Q K X C F G W H P
W A R J N S G B T C J F C J P E T A U B B F G G S Z Q J Y
P F U C A R T A P O E L C I P Z R W O B P F T Y M Y E O O
P R H H F W I L C R D J T K H C W Y K F V F S K G D O M J
S I B Y Z S F F R U G E P E H F W P G A A H T I Q V H F I
F C D N S I C K L E R V I A M V F X P Y R A M I D D F T X
F A M D B L V A K N G W E S L P Y E N I L E R I V E R X N
M G Y S E R V V T Q G O Z N M R L M C H K W E Z H G Z F I
G L C M L Z B X E L L E A E T T E E A V N L U F A M R K H
X D A R Y B T Q X O K V G C B S F F I D D R D I W G L Z P
Z C U M Q N F S G D G L C Y V X I C R C C I T Y L C F J S
I M P U S I A Y K V A W M V P R I Y O C O G N H J Q B P G
I O O X G F T Y R Z M Z P G I T U A Q S D V B U T U I P U
F E O J E F P H B G R R W U G B I H Z F J V M Y J H I R Q
Z B X T P O H T H X A V W R Y A K A E W O T C E S N D F S
Q S O I C C P R J H N M O U U J O Y N B R Y T R C Z P L B
C M B V W C B B G T J K O L D R H I M J E C O X V B E O B
B Z N Q Z W U K R V N R P O D N C U Q L F W C Q S J X X Q
E W N A X I Y N I I V K D D G Y P D D M R S O L A H W G Y
```

★★★★★

What did one **pyramid** say to the other?

Puzzle 98

CIRCUS

- CIRCUS
- MAGICIAN
- ACROBAT
- CLOWN
- UNICYCLE
- JUGGLING
- TIGHTROPE
- TRAPEZE
- MUSIC
- RING MASTER
- STILTS
- CANNON
- BALLOON
- BALANCING
- PODIUM
- TICKET
- TRICK
- LADDER
- COSTUME
- HOOPS
- PUPPETS
- PERFORMANCE
- POPCORN
- TOP HAT

```
P I C F Q C E F L N S P B O S R L C I S U M N M P V Q I R
Q Z F F U M P W I S V G X N G F F T K N K P U F F P T K C
L H H Y U Z V C X X M M A B S H K U I J R D R W L L L A O
A Y E T W Y A H K O N B I J M T T X Z V V O Y S T T N E J
H E S H S S E H X J P R D N P I Z T O B T B C W J N T I G
K O L C X T O G C U K E I B C G J R R D Y K N P O C I Z F
C C D C K I K T P G R L W K K M E A E Q Q L M N O M G P F
V I I R Y Q W D Y G G W E M P K A P H T E X N Z O P H Y O
D X E R A C D M I L F T T C C O F E Y H Z F F M Y Y T I S
Z W P A T V I G U I T P N E S A O Z N Y W O B Q D B R O G
E F P P P Z M N F N Z O P N O R I E S I V V X B E M O L Q
Y R A D U E D W U G D D Q G P M T U F U O O H X L N P L P
X Q W A H P R E S U K I P U P P E T S H T P H Y R Y E L K
T C K G O B G F X B Z U O E Q S T I L T S U Y E R Z Z P Z
W C O C G A L J O Q A M A X V A C Q K Z E O T F P X I F C
N B T V N B X H B R K Z J M E A D C J K Z S H S X P C X A
T O P H A T Q Y A X M A T T M M W B C I A G L O H O K A V
D W O G C N N Q E Y V A D P B I C E K M A J H O A B Y N P
M M C L J B F T D O S X N F Q E Y H G V X M B H Y H C W R
Y Y T P L V G D N H N J A C E Q M N V I D R N I K S B O G
L R M H K A A U L N W Z B G E L I C I R C U S M Q B Z L P
K A A H Y H B C H Y L W V A M R N J X T H U V K A T E C X
X A T Y W V X V R B J L S A K R X U B U O L Z L R P U Y Q
S L X U P F F S D O J X G I O D N Y E T K Z A D B O X R U
U P W T D O Z A J H B I L S G Y L B E E V N U D V Y T U S
F G O X H Z Q J Q R C A E X M M T R X U C A K T D Y G I W
E M J O O S K Y E I W S T F Q C X C N I A I S H C E O I K
Y U W F H U F Y A N Q R R G E P T Y N V E O K F R H R B R
I P W V Q W M N M A D Q W B D D I G B K W X O O I Y W F E
O W Z V X T Z Z H V I O B P Q R O S M W G U U H L E T J T
```

How's your **mummy**?!

Puzzle 99

FUN GAMES

- MONOPOLY
- CHESS
- TAG
- SCRABBLE
- CONNECT FOUR
- CHARADES
- SIMON SAYS
- PICTIONARY
- HOPSCOTCH
- CLUEDO
- GUESS WHO
- JENGA
- BATTLESHIP
- STRATEGO
- TWISTER
- OPERATION
- MASTERMIND
- DOMINOES
- HIDE AND SEEK
- THUMB WAR
- DODGEBALL
- TUG OF WAR
- CHINESE WHISPERS
- LIMBO

```
T K L D H X E Q X Y N U T A W W H M G C C G T F R U V L W
O V C X F V D D Q H A F O Q X S D H A E R G U C A L S D Y
O G L S U W P P I H S E L T T A B N M S Y T M Y U H K N J
E J U O E B A F T P X I T H J L F R A D C B T F Z I A R X
U Z B R W V N L V T V C Z S V U N E B R Z H Q D Y D Y S Z
U V O H W S S E U G T C L I H O P S C O T C H M Q E X G C
H S F O A Z S T U H Z U R M B E U F J Q S S O I R A E C P
C E S R H A C X W Y C E S O D G F Q P W F G C M M N K C E
Z O T X P S U O Q Z Q W U N L J D J B G J Q N I E D D K C
O N O B M I L L N G C B Y S L L W M O N O P O L Y S Z Y C
B I N L F W R U M N L Y Y A A W T H U M B W A R C E P H H
G M D X M E W W G M E X P Y B F Q X X E Y P L P O E F W E
C O Z Q T T F C P Z N C U S E J Z Z E V S J C P I K M Y S
X D Q S D S F X M S R S T V G Q Q X Z T N E S C Y X S I S
L J I U Y U Q P S X I F F F D B W R Z M P N T O E R C T W
H W E A V L C I H Y Q Y G D O E Y P X Z W G W G E G G R E
T B P R M E V C F O F H Y D D U L U F A I A A P R J X E C
U Q N O L A Y T X X D V G Z C O R B Z Z V N S X N W N D P
V V G X G O Q I K Y B E G Z D A Z H B D D I N U W U D N K
Z T T S I P Z O J Z E T U S O P X A H A H W P J R T J I G
W E O O U H U N G D L G R L S D C C X W R Z Y T D A W M K
Q N A P X O E A R T M S V T C E A X E Z V C D Z N F W R E
Z E R D E D X R T Z K Q T Y K V R S N R T B S O W G D E N
S Q J G A R L Y D A X H F U A N E O U P W V G G W O B T X
N V F R J S A F S L G U Y S G N J U Y J P J L E X E K S Q
O R A S E C W T V I A N D P I O Q M K A D C W T X F L A S
L H V W D H M R I D F C X H N F F C E T Y G T A Y W Y M W
C E D X L E Y W N O R Z C U F S Y W R A H C K R I M Q Y B
N U G X G N B N L T N M I T A U O X A L O B F T C G K U S
O R P W G Z P J S T Z R H P H Y U Z I R J Q P S G T E N U
```

DID YOU KNOW

During the **COVID-19 pandemic** in 2020, residents in **Edinburgh**

Puzzle 100

CASTLE

- CASTLE
- TOWER
- DRAWBRIDGE
- FLAG
- WINDOW
- GUARDHOUSE
- STABLE
- ARROW
- TAPESTRY
- KING
- QUEEN
- SHIELD
- MOAT
- SWORD
- LANCE
- DUNGEONS
- KNIGHT
- FORTRESS
- GATEHOUSE
- TURRET
- PORTCULLIS
- BATTLEMENT
- CATAPULT
- CHAMBER

```
G E C H A M B E R K C M F B X C W D J T X U M D H U W K U
R S R B B N R I Z X L J E A G N D E V B M W D H L S I Z E
G U P K C D Z W W F O E O M O J E U N Y M H K K W E G D H
V O I T O B N A U O A H L S P X L V F E N D T V I Z K T B
Q H R A R S L R Z B R G B E L G T O Q S R C A T A P U L T
M D J B Q M T C C F N R C L F Z S L D A W C G E P T B S B
L R D W J A Y A L Q F G A N D A A X W S O O G G P B J F F
H A B I C F H A B O I D Q M Y D C B D I R I R P G X N N G
D U Y U V J G W A L K C D P Z K R U M J E P Y D Z I C H B
H G L V H E H O J H E T F E L I C Z X W J U X X E M Y M V
G X Q J D G F D E M G S S K D F S T P D R A W E R N Y S S
I S P X X M I N Q T O U D G N G A W N T B R I Z X L J E V
M R U Y G B R I D T Y A E Z R I X R J I H H Q Y G L Q T W
B B H H H V J W M T P B T M Y B G X Q T S S E R T R O F M
F Q D H S H I E L D M X S M L H Z H Q I Q I G E U P U N U
F O V H W B P K X S G C X J T F M K T G G N Q P W Y F H V
R T P D Q J E Y J U G Z F D N U Q U X Z H K Z A K F X Q D
J Y Z C H Y X K N U A R B R S H R I C B O R F O D R O L D
V H J N L Q E D Y K C C R I I E T R N S N O E G N U D Q Q
G B T G E X M R A O H Q Q V L R H A E B Q D T Z G L I D M
B F L U W E T Y P U F Z K K L Q A T T T Q E N N S Q K D U
H W N N S S U Y B D A J E M U I K R E W O T E K G O A P I
V K Y G E W A Q Q J D K S Z C S L N D E N Z M L K D Z O C
S J M P N U G W Q J E W G X T E B D P Q E L E K Q R G P E
A G A R D I J G J T K J S H R V P G T U R C L V I R W M Z
M T G U O Z K X N G F E C I O J M B G D R F T W W P U U L
J P N P Q G L S L H K G G H P M M U Q F O Y T L C A A T A
N R X H Q V T F H D N L T B Q M N M W F S D A Y C U M O N
J S M L H J C M S T Y C Y N O I T J B B Y C B G N P Z W C
W N G K Y E S U O H E T A G W E N K J J X J W M T T Y R E
```

★★★★★

created a **huge hopscotch game** of nearly **1000 squares** on the pavement.

Puzzle 101

SPY

- JAMES BOND
- DISGUISE
- INTELLIGENCE
- AGENT
- MYSTERIOUS
- SNEAKY
- CRIMINALS
- TARGET
- FOOTPRINTS
- TOP SECRET
- OPERATION
- OBSERVATION
- MASTERMIND
- RESCUE
- BINOCULARS
- AMMUNITION
- FINGERPRINTS
- EYEWITNESS
- CIPHER
- HEADQUARTERS
- MISSION
- EVIDENCE
- ESCAPE
- GADGET

```
U H O Y H L M U V B K G O J P Y D Y A M I N X F I F D H A
F Q E V N C T Q B R Z E I H A R B Z Y T X V C U R R P D Y
D F U A R N Y C E A C O H J I N E J A M W P V I C U F B S
B M H N D Y H G P N Z S M B N K L G Z F R X E X P I N M P
U G J H A Q V G E O O C V Q O Z F G G N G V P R W H X W I
E A Y N R K U G D B U X W V T O C F J H W A F E C Z E I H
D D W T Z N I A S J C M G O E P R I Y D R U L T K A K R P
Y G Z Z P L F E R X F G E Y A E S N C R I M I N A L S Q J
G E K X L Z R G V T F Z E W Y R S G L X C L L E U C S E R
S T N E D V H M N V E W E M Y A X E E J V D M T R H F Y J
D E T H A H N I S G I R V S D T Q R T G H X E V J R L C W
P N N T H M C P R T Z A S A T I T P H Z Y Q T E P Q L B Q
I C I W T V D N N Q E Q I Z Z O I R D N O B S E M A J K G
L O T L X V P E X Z S F J M M N R I F F P X Y G Q C Q U C
N K O N P J S M X U N M Y A C T J N Q V E H G K R K E I S
D Z P F N S K Z T I C A G E N T O T K P G W L T A S I S P
V Z S F E T G U N Y E U O Z O K K S A I N N M K I E T I E
N V E H O C I K C T N Q B L V E S C J Q D T R U F Y N F R
K C C D V J A B U L X M K H H R S Z Z F C U G P F S B S F
S J R Q T W N T T I A F W N K E S O S I S S Q N Z X E J J
T R E B W O K P I S B F O V I X D V T M I M E O F M C E J
C J T D I D G C T U G I D O Y J A E O D A J O I A Y N K M
P P W S N W I E H H O S N V T J P U A Q E O X T M S E K E
E R S Q R M R T D U E D T O P P B W H I Z Y L I M T D M T
D I M U L M J R B S Z K E T C O R D I M D Z A N G E I F Y
M D M I I L U Y H R F B G J N U I I B A Z C Y U V R V S A
D Z M N Y N W K Y T A L R K B N L H N C Z K B M O I E I K
E J D E L C I J K Y C R A N W J H A G T N P D M S O N M F
J M J B Y A W J D J X X T U V W H E R G S M S A T U C X A
B K X W S Q Y G H H N K R H Z I M M X S I A W C R S B V V
```

★★★★★

Why was the **tarantula in disguise**?

Puzzle 102

FASHION

- CLOTHES
- ACCESSORIES
- HIGH HEELS
- DESIGNER
- PHOTOGRAPHER
- MAGAZINE
- MAKEUP
- RUNWAY
- TAILOR
- PATTERN
- TRENDY
- MODEL
- BEADS
- SILK
- SHOES
- STYLISH
- BEAUTY
- GLITTER
- TIMELESS
- FABRIC
- SKETCHES
- MANNEQUIN
- COSMETICS
- PERFUME

```
A L R O Q S V Y G M A N N E Q U I N Y A V O G Q I L B I H
X H P R T A S H V N M C Y D R J T V R W A I U L E F L F Y
O M E R Q X M E P K I Z S V V F C C V X H S Y D X Q Q X A
P A U I M B N I L R G V C N R L K Q F E A Q O C C K G F W
O K Q D L B Y Z B E W J Q D L E V H K C L M W O S A O C V
W E Y O M I I A K X M U B R U P N L L G Y J W S X H O Y H
M U Q F Y S F A E N Z I T L N H I G P C C L Z M N Z O N C
Q P E Y O Q E H N C Z T T E O S Q I I K W R D E Y N E E X
S P F U J F Y D I R Y S N C O N I N M S F D O T W T G R S
X L N K K G R M Z B P Z N J Y K N L H S E O M I U U U J J
N J E H T L H U A H U T L Q Z M K H X P Z D H C G R F I U
B O E E I P G Y G Z F K W Q B F A E U V T A T S S U X R Z
E J Z N H Q Y I A S M G X S J B P A E I L O H O P N E H B
A B M K B H N J M U C B B N X D R N R E T T A P W W R M A
U Z M N V E G B S W X E J E H Q R S G P A Z D H X A S P L
T B M K I Y S I H W A S C S Q O T M E Z L Q S Q J Y M P A
Y P B C H W F C H D V U K V E A B Y Q P Z W Y H L H R P X
B W T L K O J M S A S D R T I I D C R E T T I L G T R X Z
T U R O N A O W N I P Q Y L O V R K J C M F S M G T P C Y
J F U T Y E M L Z Z T Z O H D H V O T M R T O C H B H K M
T P D H A F F S A U E R J R F H F L S D W F A S N J O E F
G L Y E J B E E M O V Y G D S T R O Y S A I I V O R T Q F
L J P S Y M T W P T N H P K Q L K R O C E L H J P T O D O
M S D D U C V W A I N R E H V E V K S X Y C F L E J G X H
T Y S F E V R I V T Y T Z G Z Y C Q E T N U C G Z O R J Z
V J R L B T E G M X C O C U K D H E S T Z R T A G X A J Q
D E J E D C E K J H D N W J F N M I Y B W W O R G E P S L
P E T C E N I K E G W D N E X E G T P H U M J H H O H S K
C J G M M Z L S H U E J U N G R O K W W V I E M O M E B J
D C D C E V G H Z J M Z U F Q T Y U J C V F E E O U R Q I
```

Because it was a **spy-der**!

Puzzle 103

IN THE BATHROOM

- TOOTHPASTE
- TOOTHBRUSH
- SOAP
- SHAMPOO
- DEODORANT
- TOILET PAPER
- TOWEL
- SHOWER
- BATHTUB
- SINK
- TOILET
- MOUTHWASH
- HAIR BRUSH
- COMB
- CLEANSER
- SCALE
- TISSUE
- BATH TOYS
- FAUCET
- MIRROR
- BATH MAT
- CONDITIONER
- SHELVES
- SHAVING CREAM

```
H Q Y I H S A W H T U O M A H N D K O O P M A H S K W Z J
O E M Q Q C Z O M J B O G Z D C D D C L X F N M J H X J U
B S V K L U F C U J Y B M I R R O R X G C Q U K J L T J H
U Q F F T Y H U I N H R D A A B F E U R M L T O Y Q M V N
S H A V I N G C R E A M T G B C O R R A Q W T P K Q I B W
N E S D F I Q Y W S C C T B S B L C H T I D F S Z M U H C
Z P F S B Q S E A C H O M L Q M U M H Z S V H X F V N F A
L B U P H Q U X W A I N E V F F Y T E G H A I R B R U S H
G B F S L O S S B L U D N P R T B O O O D L R N J R R J I
P I S G N Q W L U E A I I K C N S H F I W V R A C O M B B
R A V K P M I E C H Y T Y Q J A F S L W L Z C V B L Z W S
T Q A S J E X T R T P I P O M R I F C L K E B S T E X A U
Z O T F H U E L G K Q O T W L O H L D V O A T L A W H M X
I I P A M S I X A X S N E A E D Z P W Q T E C P A Z N O E
E Z S I X S B N H Q X E F O K O X H W I R Y B A W K B P
W L E Q O I X T R O I R N A I E V Y M X E V R A K P I K V
P T M A C T D A R B G C V D X D E A O S Y M R O A J E G T
W V Y D F M C V N Y B X Y T T L T B N R H V Y Y T A W R I
H W E T S A P H T O O T O C U Q F A Q K W P Z N G D K R A
O R K H C C U Z J K T O T K M D E W J A C E I K Z X J A R
E L D K L X M C N D T F V S N L U B C Y A Y J R D S L O I
D H N R U M W R E H B T X G C V H B I T J G D R L Y Q F S
X I M O W Q U G B T D A S D N S R H F F E P T O W E L H N
S N Z K B B J R N T K Q T Y O Z Y T M C H L N G K L E F V
E B A P A U U F V R E V B H W C D V V U C I I Q N L P I B
X N B M G S T J C B Y S X E T U I G A E P K A O V Q T Q K
Y P V K H Q M H Y E D K Z D F O O I W A H S W E T Q C S B
D S M R K I U M T Y Z G X R Z I Y Y O Q R E S S M R C C F
O S H J A K G H A A R W W J M A C S X Q L F C K F V C B H
L P Y V N L W P K C B E Z F A T K D K D S Z D J F R L Q D
```

DID YOU KNOW

Ancient Romans loved having a **bath**. They cleaned themselves

WEDDING

- CHURCH
- WEDDING BELL
- CHAMPAGNE
- BOUQUET
- HONEYMOON
- WEDDING CAKE
- RINGS
- CONFETTI
- INVITATION
- VEIL
- WEDDING DRESS
- BRIDE
- GROOM
- BRIDESMAID
- BEST MAN
- MUSICIAN
- FLOWER GIRL
- AISLE
- FLOWERS
- RECEPTION
- MARRIAGE
- VOWS
- ENGAGEMENT
- CEREMONY

```
D L K X Q W A S J I Y E J R M A R R I A G E R V K M P V P
O Z Q R F P R S Q R V V B M B R Q J F O Q T Q C Y J T S W
K B O U Q U E T Z Q L R Y H X Q S K R L G X R G R P D K F
I V O D L T B E Y F U L A N K H D S U I O Y F O P I W T N
E G B T H P N U Y H O R E L U L F V H N R W Y K M Z U M A
Q N R R U Z I E D P E H R B V H Y D I O Y S E T A B D N I
N G G U K S N X M P V O W N G W J Z G L S H H R Z W B J C
U U Z A W U V I L E E R N B G N F L I W Q B P E G O T G I
O T S D P M I F W N G A Q H V M I G K B J D H I Z I U D S
Y K N Z Y M T P H O L A P Z C E L D Q F P B E H U K R Q U
V N O N G W A V M B V T G F E Z W X D P G M F E D B U L M
H Q U R H M T H Z I C T W N R Y K K O E M V D L P I I P C
D R T L I J I A C Y C M J N E F J E K O W K C I O R Y F Y
S X D L I F O E P N P D K R E C E P T I O N E C C W F D V
N T J B J D N T M T I K J I U E B U J H P O K B R T E W Y
G A L H H V N P O Z D K I Q T A M N O U S R A K H P Q R S
S S S E R D G N I D D E W N N T J N F M H X C Z I O C X S
K L M U L Y Y U C K B W A F P F E L K B A S G G U G H Y B
S M U J I S R C E B E M N W U Y X F J C R B N W O N U F L
P I Y F J B E N P Y T L X G M S T R N X K I I P I I R H Q
W Q Z N N R U B K S M M S O E Z F H O O G G D N Y R C L G
Z P M S E D N O E R B A O I O I L Q T P C N D E F H H M J
B R M M O Q Q B K P A N L H A L I N L Q Y L E N S V T A R
F U O N U D B U J Q D K F M Y J R S I I P Y W Z A M W R H
V N U J W T A O D E S N D W G S G E L P P H K R Z C A L F
Y C W K U S E D I R B A J B R C G N W I D I N G O X R I M
N O W M O K W O Y P Z X F D O D P N H G E U S M K C K N D
Y P M V S W F S N W M N M N O E W G I Z A V U W U Q H Z L
M Y Y X V R W D H E N H L L M T X F D R P W X Y O D F L E
V Q P W O I Q R K G A M V G D Q R E A P A H Q V C V I E G
```

★★★★★

in **bathhouses** and used a **metal blade** to scrape dirt off their body.

ANSWERS

Answers 1-6

PUZZLE 1

V	C	H	I	C	K	E	N	B	L
I	F	T	R	F	J	X	C	O	W
Q	J	D	N	D	N	R	H	Q	V
S	G	O	F	A	K	A	V	K	F
H	F	G	S	K	W	B	Z	X	G
S	H	E	E	P	E	B	J	M	O
O	D	T	E	R	X	I	O	G	A
D	U	A	L	V	J	T	B	I	T
Y	C	C	P	I	G	O	B	Z	J
Y	K	P	V	H	O	R	S	E	W

PUZZLE 2

F	V	E	Y	X	Q	P	C	H	C
H	A	T	E	U	W	N	I	Q	G
T	Y	X	L	C	B	K	N	N	R
R	E	D	L	V	L	N	D	T	E
K	A	W	O	B	U	C	I	V	E
E	B	R	W	V	E	M	G	J	N
D	Z	Q	N	B	S	R	O	V	K
P	K	B	O	R	A	N	G	E	G
V	I	O	L	E	T	S	V	C	Q
S	R	R	A	I	N	B	O	W	A

PUZZLE 3

P	H	L	G	V	H	L	O	V	Z
S	A	J	G	F	A	Z	N	P	M
J	I	F	W	A	L	V	O	T	K
I	R	X	T	E	E	X	S	W	K
H	A	N	D	C	G	X	E	D	P
C	V	M	W	G	A	P	D	L	O
A	R	C	O	V	E	Y	E	Z	Y
R	H	E	A	R	Y	F	S	D	M
M	F	W	M	E	T	O	O	T	H
F	O	O	T	J	B	H	J	L	R

PUZZLE 4

P	E	A	R	U	W	W	A	R	M
A	P	L	N	Z	X	Z	P	U	A
E	L	X	G	W	J	M	P	C	N
U	U	H	R	Z	T	N	L	N	G
S	M	C	A	O	X	H	E	N	O
L	K	H	P	A	P	E	A	C	H
E	E	E	E	U	I	P	G	D	K
M	H	R	T	P	N	C	Y	F	X
O	F	R	B	A	N	A	N	A	J
N	G	Y	I	T	Q	C	Y	G	O

PUZZLE 5

B	L	A	D	Y	B	U	G	C	N
E	C	A	U	G	O	K	F	U	G
E	T	J	H	D	K	B	L	T	V
T	S	Y	H	L	B	O	Y	P	R
L	W	A	S	P	E	M	T	R	E
E	I	M	O	M	E	Y	C	Z	R
A	N	T	X	V	L	M	O	T	H
Y	D	H	G	T	Q	Q	B	N	G
F	B	U	T	T	E	R	F	L	Y
H	E	W	V	L	R	M	J	I	Z

PUZZLE 6

G	M	P	V	J	C	O	V	E	N
A	F	O	R	U	V	S	L	V	B
K	L	X	N	G	B	E	C	I	L
J	O	S	P	G	H	G	R	S	H
X	U	C	E	W	S	G	C	Y	N
S	R	W	G	H	O	L	Q	D	X
A	U	K	I	I	S	U	G	A	R
L	A	O	V	S	J	C	N	R	E
T	U	S	K	K	L	M	I	L	K
Z	B	U	T	T	E	R	O	H	X

Answers 7-12

PUZZLE 7

B	F	G	R	U	N	S	I	I	O
I	T	F	Z	Y	C	S	A	Y	Z
G	G	E	D	I	W	T	D	O	V
J	D	J	E	B	O	Y	B	U	R
O	S	D	X	O	N	Y	B	F	H
V	B	A	L	L	S	G	P	X	T
S	G	Q	H	Z	C	Z	L	V	O
S	T	O	P	P	D	F	A	U	Y
L	U	E	M	O	M	R	Y	A	O
L	D	V	B	L	N	T	M	E	C

PUZZLE 10

U	E	L	U	O	D	S	Z	M	I
P	E	L	T	I	S	L	A	N	D
A	C	A	P	T	A	I	N	P	C
R	L	N	W	D	I	F	X	S	J
R	J	I	S	X	N	L	B	H	U
O	G	H	W	C	R	A	D	I	L
T	O	N	O	P	B	G	H	P	I
R	L	B	R	P	D	P	V	S	X
C	D	T	D	C	A	N	O	N	L
S	M	A	P	P	M	H	H	U	S

PUZZLE 8

U	N	O	O	N	E	S	Z	M	I
Q	E	L	T	I	V	R	X	I	D
L	Z	D	F	D	E	P	K	D	C
W	L	U	W	D	N	H	X	N	J
Y	J	S	B	X	I	P	B	I	N
T	G	K	Y	C	N	R	D	G	I
U	Y	N	Q	P	G	C	A	H	G
M	O	R	N	I	N	G	W	T	H
C	H	T	R	C	N	R	N	O	T
S	A	F	T	E	R	N	O	O	N

PUZZLE 11

G	U	G	A	W	I	B	I	K	E
L	M	C	B	R	T	V	O	M	L
E	T	R	A	M	R	B	S	R	U
C	A	R	K	B	U	L	V	O	T
G	L	V	R	D	C	M	A	S	R
O	L	S	O	P	K	A	N	H	A
L	O	P	C	L	G	V	H	L	I
Z	R	S	K	J	B	O	A	T	N
V	R	J	E	F	W	A	K	V	V
S	Y	I	T	X	T	E	W	X	U

PUZZLE 9

S	V	I	K	P	B	U	J	J	Y
E	H	S	T	A	R	F	I	S	H
A	V	Z	L	D	Z	F	T	H	J
H	W	H	C	O	Y	J	X	M	N
O	H	I	R	L	S	H	A	R	K
R	A	W	A	P	V	F	V	J	P
S	L	B	B	H	P	I	C	S	A
E	E	S	H	I	I	S	Y	E	I
S	Z	S	J	N	I	H	R	A	J
S	Q	U	I	D	I	K	R	L	H

PUZZLE 12

Y	G	L	U	E	M	R	P	K	M
P	R	N	X	F	V	U	L	T	Z
Y	G	O	D	C	F	L	G	A	O
Y	U	T	W	B	T	E	G	P	G
C	X	E	B	P	S	R	K	E	U
R	X	B	R	I	O	G	G	X	I
A	P	O	W	F	O	L	D	E	R
Y	G	O	X	Z	B	G	X	B	B
O	V	K	L	Y	Z	E	P	E	N
N	S	C	I	S	S	O	R	S	U

Answers 13-18

PUZZLE 13

P	D	W	Z	O	T	P	F	A	R
B	U	J	J	O	Q	R	Z	G	O
W	E	P	P	J	U	N	D	E	R
Z	F	T	H	J	S	D	C	W	B
Y	B	X	W	N	F	H	O	U	T
I	O	Z	V	E	J	A	A	A	S
N	T	V	J	P	E	E	L	B	F
P	T	C	M	A	T	N	M	O	V
I	O	Y	R	I	C	V	O	V	A
I	M	R	N	E	A	R	P	E	T

PUZZLE 14

B	B	A	B	Y	Z	B	S	D	Q
S	I	L	Q	S	R	O	A	A	C
Z	O	P	O	O	W	U	E	U	J
X	P	N	T	T	N	K	H	G	M
B	B	H	O	T	B	S	S	H	O
J	E	N	T	I	A	I	X	T	T
R	R	E	Z	U	E	S	Y	E	H
R	U	N	C	L	E	T	C	R	E
F	A	T	H	E	R	E	Q	S	R
D	V	H	R	H	U	R	D	E	H

PUZZLE 15

Z	H	Y	H	S	S	B	S	K	I
Y	R	O	D	O	L	L	I	R	F
O	H	Y	Z	P	Q	L	U	K	O
P	R	O	Y	J	T	H	R	F	E
U	F	W	A	E	N	Z	O	T	F
Z	U	M	D	W	U	D	B	G	K
Z	U	D	L	K	C	S	O	D	I
L	Y	Z	J	M	U	Y	T	S	T
E	S	S	C	O	O	T	E	R	E
U	B	A	L	L	N	S	S	G	Q

PUZZLE 16

M	Z	K	G	P	T	M	A	A	W
L	A	K	E	E	E	Q	L	O	X
H	I	X	O	A	R	I	V	E	R
G	C	P	D	Z	K	T	H	M	V
P	C	O	I	F	A	E	I	D	A
B	W	N	C	S	O	P	L	W	L
B	E	Z	M	R	L	R	L	S	L
H	F	A	Q	N	R	A	E	E	E
R	P	N	C	M	H	H	N	S	Y
S	E	A	W	H	P	D	J	D	T

PUZZLE 17

P	A	H	I	S	T	O	R	Y	Q
L	D	S	N	C	E	D	J	L	R
A	C	L	A	S	S	R	O	O	M
Y	P	F	J	F	N	X	W	T	L
G	X	G	R	A	G	R	D	I	K
R	T	Y	I	I	I	U	B	T	B
O	E	M	U	T	D	R	A	O	I
U	E	L	I	I	A	R	O	Q	A
N	Z	N	F	R	R	K	K	P	R
D	G	N	Y	M	U	S	I	C	T

PUZZLE 18

J	U	I	C	E	G	L	V	P	B
P	M	O	T	O	A	S	T	R	P
K	I	I	E	J	M	X	E	T	L
P	W	M	L	D	Z	A	S	C	J
A	O	A	T	K	D	Z	J	E	F
N	G	R	F	I	S	I	I	R	X
C	F	Z	Y	F	S	A	Y	E	W
A	E	D	I	W	L	D	C	A	M
K	J	H	A	M	H	E	D	L	C
E	D	X	O	C	O	F	F	E	E

Answers 19-24

PUZZLE 19

D	S	B	S	B	H	F	R	Q	N
K	M	K	I	H	R	U	N	A	H
Q	I	P	Q	Q	N	R	V	O	N
P	X	U	A	W	O	Q	P	J	W
X	R	L	N	E	A	R	V	Z	A
I	R	L	C	Y	R	L	R	V	V
D	V	L	V	W	R	L	K	F	E
W	A	M	H	Q	E	U	W	P	O
P	D	W	J	U	M	P	C	W	H
N	A	V	E	C	R	A	W	L	M

PUZZLE 20

S	L	T	V	M	O	V	A	L	T
T	S	Q	U	A	R	E	Y	K	R
A	P	D	I	A	M	O	N	D	I
R	I	C	C	A	Z	L	Y	A	A
P	D	W	R	O	Q	P	R	H	N
C	U	J	O	Y	Q	R	E	G	G
W	R	P	S	J	O	A	X	N	L
Z	F	O	S	W	R	D	C	W	E
Y	J	X	S	T	F	H	K	A	F
C	I	R	C	L	E	A	A	W	S

PUZZLE 21

L	A	Y	N	Z	C	T	F	Z	Y
M	I	W	U	D	A	G	E	D	H
S	L	G	C	S	N	D	J	O	Y
A	J	M	H	Y	D	S	L	X	W
N	U	T	T	T	Y	L	N	T	R
T	J	K	N	S	Y	G	Q	H	E
A	S	N	O	W	M	A	N	N	A
M	G	I	U	Y	L	E	E	P	T
S	T	A	R	F	L	D	L	B	H
Q	U	Q	G	I	F	T	Y	F	J

PUZZLE 22

B	M	S	T	M	S	C	A	R	F
J	E	V	O	N	M	P	F	D	U
D	A	B	F	C	R	V	E	V	M
D	R	C	B	D	K	L	E	I	G
J	M	T	O	P	D	S	T	T	L
A	U	B	O	M	M	T	P	D	O
C	F	D	T	Z	E	Y	H	T	V
K	F	A	S	N	Y	A	K	A	E
E	S	S	S	A	T	E	Z	H	S
T	B	S	W	E	A	T	E	R	Y

PUZZLE 23

C	S	D	C	Y	Y	U	T	X	F
H	N	E	J	L	V	G	O	N	O
E	F	A	Y	S	H	A	I	R	R
E	V	J	S	E	T	Z	O	W	E
K	A	N	C	L	B	T	E	X	H
W	M	N	I	N	K	R	Q	R	E
J	O	P	U	C	J	M	O	A	A
G	U	R	M	E	H	A	N	W	D
U	T	I	Z	A	I	I	O	Y	S
Z	H	N	O	S	E	Z	N	U	P

PUZZLE 24

G	S	P	A	C	E	O	S	A	G
G	Q	I	S	W	A	R	P	D	F
R	A	N	M	G	M	B	L	H	O
F	A	L	W	A	D	I	A	C	L
P	H	R	A	Q	R	T	N	P	N
O	E	S	F	X	T	S	E	M	C
G	U	M	I	L	Y	L	T	O	H
N	P	M	O	O	N	K	M	Z	O
D	B	K	T	J	G	E	K	W	Z
S	T	A	R	W	T	Z	A	P	T

Answers 25-30

PUZZLE 25

O	O	P	G	F	W	E	E	K	D	A	Y	M
T	T	H	U	R	S	D	A	Y	Y	H	B	Y
T	N	G	K	W	I	M	V	A	I	M	Q	B
T	U	E	S	D	A	Y	D	J	Y	W	S	W
S	P	D	X	S	E	S	O	D	C	D	C	G
A	Q	I	U	G	E	S	A	W	N	L	M	L
T	Z	H	N	N	R	S	R	E	B	T	O	K
U	X	F	D	U	Q	S	K	Z	I	F	N	R
R	D	E	R	W	M	E	U	X	G	X	D	J
D	W	K	E	I	E	F	A	N	Z	G	A	R
A	P	R	D	W	D	X	J	A	D	R	Y	M
Y	N	G	K	Z	H	A	M	C	W	A	M	S
U	W	F	J	B	Z	M	Y	M	V	Q	Y	L

PUZZLE 26

V	A	F	D	Z	S	I	G	N	E	T	B	F
U	R	P	U	Z	K	I	C	J	H	P	A	A
H	D	U	R	H	Z	M	P	C	V	W	J	X
W	B	P	G	P	I	K	H	F	N	A	L	M
L	O	P	D	U	N	I	K	B	E	Z	I	H
F	G	Y	O	R	C	H	C	F	O	A	L	M
G	P	E	F	K	S	R	F	P	J	U	D	V
B	K	U	O	N	P	N	A	K	Z	Y	E	D
E	L	I	J	O	D	U	C	K	L	I	N	G
L	K	T	T	D	B	L	B	G	C	E	N	M
J	A	S	H	T	Y	M	C	X	A	U	V	W
L	U	M	R	F	E	P	C	C	L	P	N	Q
S	A	O	B	Y	M	N	L	U	F	V	M	C

PUZZLE 27

B	Y	W	I	B	L	M	T	M	K	K	V	L
X	C	A	U	L	D	R	O	N	U	L	U	B
S	I	D	W	M	Q	A	R	H	E	M	L	D
T	K	Z	N	Q	M	K	E	P	V	P	M	D
S	Z	U	S	A	E	M	J	Y	E	J	B	Y
K	Q	T	L	R	V	F	Z	M	W	T	H	G
E	D	W	E	L	F	V	U	G	H	O	S	T
L	T	I	L	N	R	T	Z	V	Z	T	P	H
E	W	T	V	W	S	P	U	M	P	K	I	N
T	A	C	U	O	Y	D	B	T	X	O	D	K
O	Z	H	C	C	A	S	X	J	B	I	E	G
N	S	Z	Q	C	Z	I	A	T	H	D	R	T
E	M	E	Y	V	S	D	Y	I	R	W	U	I

PUZZLE 28

C	L	A	W	S	C	P	Y	L	V	K	S	S
B	O	T	E	D	R	I	K	O	Q	N	B	Y
E	U	R	Y	J	E	P	Q	D	E	N	E	N
A	R	U	B	S	S	F	E	T	P	R	L	R
K	X	M	K	E	T	G	S	G	C	R	L	E
H	F	P	D	S	Y	A	V	U	N	I	Y	A
F	V	U	P	T	E	Y	H	Z	B	E	B	E
V	E	Y	M	R	A	J	X	K	G	D	C	O
T	C	A	B	X	T	H	R	O	A	T	O	K
F	E	U	T	V	G	R	K	M	D	B	L	Q
H	K	W	P	H	E	K	R	I	U	I	T	M
T	G	W	Q	D	E	A	N	M	A	A	H	V
X	W	I	N	G	U	R	M	T	I	A	L	T

PUZZLE 29

S	L	W	G	I	E	Z	H	D	H	X	I	H
I	M	D	E	L	I	G	H	T	E	D	Y	A
N	M	J	O	Q	J	R	S	E	J	B	M	P
A	I	H	F	W	O	J	G	L	A	D	D	P
F	C	C	B	X	O	A	I	W	Z	D	C	Y
Q	M	E	E	A	Z	V	J	A	Q	D	H	C
T	H	A	N	K	F	U	L	X	J	D	E	T
L	T	H	Y	J	F	I	L	Q	C	Y	E	B
X	O	S	H	U	K	S	B	V	I	N	R	D
L	B	V	P	R	D	H	Y	Z	G	Q	F	A
H	F	O	E	K	F	O	X	B	O	G	U	D
S	H	D	F	L	J	N	Q	B	O	W	L	G
D	U	C	S	N	Y	R	N	D	D	N	S	D

PUZZLE 30

D	C	D	J	E	G	V	G	B	D	G	Y	Z
B	T	L	F	H	O	T	Q	R	Q	G	F	F
M	R	I	O	M	Y	T	T	E	Y	G	R	F
B	A	A	H	U	M	H	P	E	U	Q	O	U
M	I	X	M	G	D	N	X	Z	X	K	S	Q
X	N	C	Z	K	C	Y	F	Y	L	M	T	A
L	Y	P	F	I	Q	X	Z	P	X	E	Y	V
C	M	Q	S	S	E	W	I	N	D	Y	E	Y
C	Q	Z	P	T	B	H	A	S	M	R	N	V
K	O	E	S	N	O	W	Y	P	Y	N	B	M
Z	T	L	X	R	G	R	B	X	U	Q	H	F
L	V	Q	D	U	J	A	M	S	W	Y	E	V
Z	M	G	A	Y	L	Y	U	Y	Y	W	O	Y

Answers 31-36

PUZZLE 31

Y	H	B	T	M	J	U	I	C	E	Z	Y	E
N	E	D	E	Z	S	Y	U	T	W	M	D	H
T	H	A	T	E	Y	C	E	Q	U	A	W	M
E	G	D	L	Z	R	I	A	H	N	Z	Q	I
A	B	G	T	V	H	V	M	O	Y	C	E	L
N	S	D	C	T	C	U	M	X	F	G	S	K
J	N	X	O	Z	V	E	O	W	T	Y	E	S
V	F	O	W	S	L	R	C	R	S	X	C	H
L	M	E	S	S	W	Z	O	W	R	L	S	A
S	T	N	C	Y	U	I	E	X	A	S	F	K
E	M	I	L	K	K	Z	N	R	H	T	I	E
J	P	R	U	R	J	M	T	E	R	B	E	X
G	C	C	O	F	F	E	E	T	Y	X	F	R

PUZZLE 32

N	Q	Q	A	V	C	R	O	C	K	E	T	B
P	A	R	A	C	H	U	T	E	N	M	I	R
F	A	T	T	N	I	M	M	Z	S	K	E	X
F	Z	W	N	H	E	M	T	R	Q	D	H	K
H	R	G	L	N	J	P	L	E	I	L	E	F
H	C	I	O	B	P	M	M	L	T	L	L	T
F	N	R	S	V	J	M	G	B	Z	H	I	R
G	D	Q	A	B	K	R	X	A	I	Q	C	D
P	C	N	A	B	E	F	F	L	Q	Z	O	C
Z	L	O	A	I	T	E	T	L	L	Y	P	W
Q	H	A	X	Q	E	E	V	O	K	I	T	E
A	Z	U	N	U	R	G	P	O	F	J	E	Z
E	N	A	U	E	B	Z	D	N	G	Z	R	V

PUZZLE 33

S	W	N	W	A	Q	X	S	C	R	E	W	T
A	R	A	J	F	T	F	E	O	G	F	O	R
S	S	D	H	L	C	Z	I	L	Y	Y	E	R
H	Q	F	A	S	I	S	Y	D	J	I	Q	F
O	S	W	M	E	A	O	F	G	L	E	N	K
V	C	C	M	F	Y	N	V	P	R	J	A	H
E	Y	O	E	Q	M	X	D	B	I	Q	I	N
L	N	H	R	H	T	R	S	P	Z	Q	L	M
X	K	Z	V	R	A	V	U	J	A	W	F	P
S	A	M	Y	K	A	W	M	M	Q	P	Y	O
Z	D	R	I	L	L	C	M	Q	A	N	E	E
I	O	B	U	M	S	C	B	M	R	L	N	R
M	I	S	C	R	E	W	D	R	I	V	E	R

PUZZLE 34

B	L	J	T	V	D	B	K	C	F	D	P	T
M	O	K	T	D	S	E	E	S	A	W	X	R
C	Z	K	K	U	F	O	S	C	L	Z	M	A
E	N	R	T	X	N	S	P	O	L	E	D	M
S	F	O	J	Y	K	N	X	C	Y	C	B	P
W	U	U	K	W	T	L	E	W	N	F	E	O
I	U	N	Y	H	Z	D	R	L	D	R	X	L
N	D	D	P	Y	I	K	Z	H	E	O	G	I
G	H	A	A	L	H	G	A	D	C	L	T	N
W	M	B	S	W	G	O	D	V	D	S	A	E
D	C	O	D	J	B	A	J	P	I	X	D	Q
K	L	U	F	D	L	S	A	N	D	B	O	X
G	U	T	D	L	G	G	P	N	P	X	M	E

PUZZLE 35

W	U	K	J	O	N	O	A	T	H	Y	R	W
I	H	J	I	E	S	T	A	I	R	S	O	V
N	R	V	R	T	E	M	O	B	O	T	O	X
D	Y	T	K	A	C	A	R	F	G	J	F	A
D	O	O	R	B	V	H	T	S	A	R	C	R
W	D	W	K	U	F	K	E	N	R	S	B	A
B	E	D	R	O	O	M	W	N	A	K	G	Y
T	P	X	G	V	C	A	Z	R	G	S	E	S
O	H	A	V	Z	K	X	Q	K	E	N	S	E
W	V	F	U	U	H	V	E	S	M	T	C	F
B	A	T	H	R	O	O	M	I	G	N	I	G
T	K	L	N	B	B	C	H	N	E	V	E	J
G	A	K	L	H	S	C	D	F	N	N	E	K

PUZZLE 36

M	M	G	K	L	C	B	Z	Q	S	J	W	J
E	Y	Z	J	N	I	N	E	G	E	H	O	X
O	N	E	O	O	W	S	A	Z	V	R	F	N
X	S	M	H	E	H	L	Q	J	E	E	A	I
T	V	B	V	H	D	S	D	Z	N	S	X	S
U	J	I	J	H	F	W	I	W	H	T	S	N
Y	F	G	F	Y	O	P	A	X	Y	L	E	R
R	B	O	L	O	F	H	J	N	G	T	U	Z
T	D	U	U	X	Z	U	K	O	H	W	A	X
K	H	Z	O	R	Q	J	E	I	G	H	T	A
U	H	R	J	V	S	A	V	A	N	V	W	H
P	W	O	E	G	B	A	U	J	O	Q	O	L
J	M	I	O	E	F	D	H	W	C	Z	O	S

Answers 37-42

PUZZLE 37

W	P	L	I	S	X	C	X	H	O	T	E	L	E	L
I	A	B	O	N	B	A	F	C	S	O	W	Z	A	A
D	R	W	J	H	V	F	P	I	I	H	F	C	I	R
K	K	J	B	H	K	E	B	N	R	V	Y	R	H	A
W	B	I	H	A	A	X	Q	E	R	I	P	X	F	V
B	R	T	P	S	K	C	I	M	M	O	D	N	I	I
N	A	U	R	G	Y	E	W	A	R	K	Y	P	T	C
E	H	N	U	I	P	X	R	T	U	G	R	M	Q	S
F	O	W	K	W	X	H	H	Y	R	M	U	G	U	B
H	C	O	Z	R	Q	A	R	W	X	S	O	M	N	M
I	L	I	B	R	A	R	Y	I	E	S	I	R	F	A
P	A	U	Z	B	M	O	G	U	L	T	I	R	H	R
T	O	R	X	Q	B	N	M	A	I	Z	F	O	Q	K
L	S	C	H	O	O	L	O	Z	U	P	O	R	O	E
L	A	Q	X	P	X	F	C	H	T	K	U	O	E	T

PUZZLE 40

O	U	L	E	H	D	L	A	E	H	W	D	B	V	W
M	I	R	R	O	R	E	R	P	L	R	I	E	Q	X
R	I	A	H	C	G	B	M	D	N	B	O	D	T	R
J	K	L	R	D	M	R	C	F	I	P	A	E	S	Z
V	Z	R	A	C	F	D	H	F	E	W	S	T	O	O
W	Q	Y	E	W	T	W	A	R	D	R	O	B	E	C
B	T	U	Y	S	S	J	I	L	K	X	G	B	A	H
M	O	X	S	E	S	B	R	O	B	C	Q	R	Y	K
O	O	O	K	W	A	E	Y	U	A	A	P	K	O	Q
A	H	I	K	W	P	E	R	B	V	E	U	W	J	A
P	A	P	E	C	T	Q	I	D	T	N	M	R	C	Z
A	F	O	S	D	A	N	I	C	K	T	Y	O	K	W
L	R	D	S	W	E	S	J	H	N	L	I	S	U	M
P	M	L	F	T	X	I	E	A	R	K	E	T	I	K
J	N	I	L	U	K	C	P	R	A	D	I	K	H	G

PUZZLE 38

H	O	C	K	E	Y	H	Z	N	E	L	H	H	X	D
S	L	X	I	Q	M	K	A	Y	N	L	Y	Q	X	P
K	G	T	X	W	Z	R	E	R	H	C	F	O	F	E
I	K	K	M	D	C	T	E	P	D	R	L	K	G	I
I	W	L	N	H	E	B	J	Q	F	I	F	A	S	A
N	W	Z	E	Z	Z	A	N	S	W	C	E	R	O	F
G	Q	R	C	D	L	S	W	C	C	K	F	A	X	V
S	Y	D	C	G	T	E	W	R	O	E	Q	T	X	T
N	W	L	D	M	N	B	Z	U	H	T	H	E	E	S
A	N	I	N	C	A	A	X	G	Z	V	R	N	V	U
J	P	F	M	M	X	L	S	B	M	Y	N	A	W	M
M	G	V	F	M	U	L	Z	Y	T	I	W	Z	C	M
A	V	O	S	X	I	U	I	O	S	U	M	S	C	B
U	N	U	L	I	M	N	F	O	O	T	B	A	L	L
T	N	I	M	F	Z	S	G	Y	X	H	G	F	L	V

PUZZLE 41

G	X	D	U	C	K	L	I	N	G	C	O	Z	L	A
Z	O	K	G	N	F	M	G	N	I	W	O	R	G	W
C	R	B	W	Q	V	O	B	E	B	O	N	T	F	T
R	A	L	L	I	P	R	E	T	A	C	T	J	U	F
E	U	U	G	H	J	K	F	D	S	L	U	L	Q	R
L	Q	E	P	G	V	F	M	S	M	Z	I	P	R	E
O	I	B	J	L	D	U	Q	U	Q	P	Y	K	E	T
P	Z	E	Z	B	F	A	Q	C	L	X	E	H	W	S
D	N	L	V	L	L	U	F	J	D	U	E	A	Q	A
A	W	L	O	K	E	O	A	F	M	H	U	T	H	E
T	W	W	U	L	H	P	S	I	O	D	C	C	S	M
M	E	B	G	I	G	A	P	S	N	D	G	H	A	F
R	R	D	M	O	V	F	L	Z	O	W	I	I	W	Z
G	U	Q	J	A	M	X	X	U	A	M	X	L	O	Y
Y	M	L	O	X	L	E	J	U	B	T	Z	J	L	K

PUZZLE 39

W	E	T	E	A	F	L	W	O	R	G	C	W	O	H
R	M	C	D	A	J	B	X	P	G	K	L	J	O	H
O	G	R	U	N	T	Z	E	W	E	W	B	I	M	A
V	Y	J	P	I	M	V	Q	L	I	I	R	T	P	S
H	B	W	R	N	D	S	T	W	L	N	V	U	R	G
N	E	R	Y	T	D	H	M	T	O	O	H	V	U	I
Q	U	J	E	I	X	R	X	D	U	F	W	W	C	W
P	D	S	T	V	D	I	D	O	P	H	C	H	Z	R
F	E	B	T	F	O	E	A	S	J	I	E	X	E	O
Z	W	U	L	P	R	K	K	D	V	E	A	U	Z	B
C	M	Z	Q	J	T	F	U	X	P	T	O	O	X	Q
H	L	Z	W	Z	G	A	Z	N	E	L	H	H	X	D
C	L	U	I	Q	E	K	E	Y	S	Q	U	E	A	K
X	K	T	C	W	J	B	E	L	H	J	F	L	W	O
Z	K	U	M	K	L	E	S	P	B	F	L	C	Z	I

PUZZLE 42

T	X	B	T	C	H	E	E	S	Y	Y	E	J	S	Y
A	S	E	Z	V	R	O	F	O	V	T	E	E	W	S
B	F	C	K	C	M	K	E	U	U	F	E	I	L	O
Q	D	L	P	D	Z	V	Y	R	P	D	D	D	J	V
L	G	U	U	B	C	R	E	A	M	Y	E	S	B	Y
A	T	C	X	F	R	Q	G	M	J	L	U	F	N	S
N	Y	S	X	I	F	J	A	W	I	A	T	Y	N	T
Q	F	I	Q	W	P	Y	E	C	X	W	C	C	Y	I
Y	X	Y	J	Q	A	R	I	D	R	I	N	D	F	C
H	B	I	L	Y	T	O	J	T	P	F	K	T	X	K
C	E	H	N	M	U	I	T	S	K	S	R	C	B	Y
N	K	U	B	S	C	M	T	D	Y	H	L	E	P	I
U	J	C	G	H	I	V	M	Y	R	E	W	R	S	I
R	P	Q	D	P	R	O	K	Y	M	F	Y	K	U	H
C	H	R	E	T	T	I	B	T	B	J	C	O	W	I

Answers 43-48

PUZZLE 43

I	W	Q	I	I	H	E	H	C	N	A	L	A	V	A
M	R	O	M	R	O	T	U	D	B	W	N	S	W	G
M	D	Q	U	L	N	Y	E	R	U	P	T	I	O	N
G	R	E	W	S	M	X	N	E	A	U	J	T	N	Z
T	O	V	X	K	W	N	D	S	S	E	N	T	O	B
S	U	F	M	P	G	I	E	R	K	Y	O	N	O	N
U	G	B	T	S	L	A	X	A	A	R	T	X	H	F
N	H	B	C	S	V	O	U	O	N	Z	M	Y	P	H
A	T	C	D	G	I	Q	S	A	W	T	Z	T	Y	C
M	C	N	H	J	H	D	D	I	W	Y	I	I	T	G
I	A	S	J	T	S	O	T	G	O	D	O	S	L	W
L	F	N	R	F	Y	J	Q	Y	P	N	M	Q	Y	B
I	F	A	J	O	W	Q	A	S	V	F	L	V	N	P
P	E	F	W	H	K	W	X	J	F	D	O	O	L	F
A	M	R	O	T	S	T	S	U	D	T	T	P	E	Y

PUZZLE 44

G	H	R	E	W	C	X	F	O	X	H	O	U	N	D
I	R	R	E	X	O	B	R	T	R	F	N	C	G	H
L	D	E	S	F	U	S	E	S	E	T	L	A	M	I
V	F	U	A	T	I	W	G	N	L	M	N	G	B	D
N	W	A	P	T	C	N	A	D	I	K	L	Y	P	C
T	Q	S	R	B	D	I	Y	Q	E	D	D	P	O	Q
L	P	G	A	W	T	A	W	E	W	L	J	R	I	J
M	A	A	X	A	B	Q	N	K	T	J	G	M	N	W
G	A	B	M	U	H	A	A	E	T	I	S	G	T	P
U	O	L	R	S	L	A	R	P	O	Y	C	F	E	E
S	A	D	R	A	A	E	B	O	R	P	O	D	R	P
D	L	N	L	H	D	B	D	O	U	U	R	A	M	J
V	G	G	X	L	Z	O	H	D	E	E	S	H	G	J
W	X	S	O	L	U	P	R	L	V	C	F	M	B	G
B	K	R	R	S	X	B	S	E	L	G	A	E	B	L

PUZZLE 45

Q	S	L	E	E	P	E	R	C	C	H	B	Z	R	P
C	H	E	Z	I	E	S	V	R	B	E	C	G	L	M
M	Z	R	A	I	L	W	A	Y	M	M	D	A	Q	C
T	R	B	L	T	R	Y	U	K	P	N	T	I	O	O
E	E	O	Q	E	S	G	K	J	M	F	L	S	Q	C
V	G	H	T	Z	P	T	C	M	O	W	D	T	S	Z
R	H	M	V	C	X	W	E	R	B	E	R	A	S	W
E	A	O	H	U	U	S	M	A	J	U	S	T	P	N
G	N	K	U	D	V	D	W	X	M	J	W	I	R	F
A	E	W	L	H	V	M	N	E	B	Z	J	O	O	W
G	W	R	M	A	Q	K	Y	O	D	U	H	N	U	K
G	E	N	G	I	N	E	E	I	C	C	O	I	C	E
U	B	C	O	C	Z	G	A	B	H	C	Q	A	Y	G
L	G	E	I	W	W	S	I	W	R	D	R	R	S	V
R	Z	A	R	W	T	Z	A	S	K	T	S	I	R	J

PUZZLE 46

Q	W	Y	S	I	J	L	E	J	C	Y	E	S	O	N
Y	W	I	A	S	G	R	I	B	S	Z	S	S	T	Z
U	T	Z	N	L	G	M	L	K	J	L	P	W	D	Z
H	Z	L	K	D	D	J	U	B	L	E	I	F	Q	K
D	K	L	I	H	P	R	K	E	A	L	Z	I	Q	B
I	O	D	E	A	B	I	C	R	R	A	W	Z	O	F
A	H	C	Y	G	I	D	P	H	O	H	L	M	X	Q
P	E	R	G	N	O	R	V	E	D	N	V	Z	Y	M
H	T	Q	Z	O	E	C	W	Y	Q	I	O	Z	G	E
R	M	W	L	C	X	R	G	A	J	H	D	Q	E	M
A	O	B	U	H	H	T	Z	Z	Y	W	S	J	N	N
G	V	I	N	U	A	K	Z	K	H	S	U	V	N	X
M	Q	F	G	B	L	B	S	S	Q	M	C	N	Y	M
Y	J	Q	S	F	E	D	V	W	F	X	U	O	W	T
L	M	A	S	A	C	E	H	T	U	O	M	X	B	I

PUZZLE 47

L	P	V	S	E	C	L	I	P	S	E	E	J	T	Q
B	U	A	E	B	S	R	H	G	R	W	S	D	A	T
G	N	N	S	A	M	X	E	E	C	E	U	M	A	H
A	M	G	A	C	T	I	R	S	I	T	I	B	R	O
T	K	O	H	R	I	V	E	I	C	W	N	B	E	Q
L	N	U	P	Q	D	I	T	Z	B	E	S	T	O	G
Z	U	E	P	V	E	E	R	F	U	F	N	Y	A	J
U	I	Y	W	Q	S	V	A	Y	D	V	P	T	N	F
S	V	O	W	M	X	H	U	T	W	I	H	S	U	Y
R	Y	A	T	R	O	T	Q	O	E	L	X	L	C	B
E	K	B	R	G	H	O	U	D	Q	I	L	D	T	R
T	I	P	W	G	J	P	N	T	B	M	D	F	Z	D
A	F	Y	I	O	U	G	Z	G	O	Z	F	B	U	T
R	Q	N	S	Z	F	O	N	O	D	P	N	S	X	V
C	G	M	M	C	S	R	N	Z	S	D	T	T	Z	W

PUZZLE 48

Z	K	D	Y	L	L	A	U	T	N	E	V	E	E	A
D	T	P	Z	K	J	S	W	X	S	W	F	R	K	F
L	A	T	E	R	Y	A	E	L	M	K	Y	T	R	A
Z	I	S	D	O	N	A	Z	C	H	C	H	O	U	R
C	N	H	E	G	R	G	D	F	O	J	C	W	C	B
R	A	G	C	L	I	A	L	G	E	N	P	Y	R	K
X	Q	L	I	S	M	X	R	T	I	Q	D	L	X	K
D	F	E	E	Y	N	E	U	L	H	B	Z	L	R	D
V	R	U	R	C	Q	N	A	T	J	Q	U	A	N	U
Q	G	E	O	Z	I	E	C	N	J	F	S	N	U	R
A	D	B	F	M	K	W	Y	S	W	H	R	I	E	I
Q	F	F	E	K	J	Y	W	R	W	H	K	F	P	N
N	U	T	B	A	B	R	Y	H	T	F	I	H	A	G
D	N	F	E	V	G	I	T	E	E	Z	H	L	O	F
S	H	D	Y	R	F	S	P	G	L	N	Q	A	E	K

Answers 49-54

PUZZLE 49

PUZZLE 50

PUZZLE 51

PUZZLE 52

PUZZLE 53

PUZZLE 54

Answers 55-60

PUZZLE 55

```
J V E Y Z J I K N X G E H S X G H
Y K O H T L A N D S C A P E N F P
Y Q X S M H S I L Q J D C A I O F
H S U R B K H D N D O L S X R A T
D Q U J K J H F W H A H T T Q P S
C L Y G A L L E R Y F Y R X R S I
S J R B S L E F H J N A Z U Z Z T
C O P D U W X T O T I H W A X M R
U G K A Z O D Q S T P N K Q R R A
L J U H I J V S A A A N V G H T F
P T C W O N G B L U P O G D L G S
T Y O C I O T E D H W C N P S A N
U L L Z L X T N O T E C I Q V D I
R U L I L T P K G T M E W N O U Q
E F A J E Z N X P W J Z A N N N M
R M G W T F A O B S V C R W U D P
I W E E S K E T C H U F D E R Z I
```

PUZZLE 56

```
X L N V W W V B G N N X W W H O J
D R L Y H W Q F E L C Y C I B I C
M E J E A R O G T D H B T X V V C
G X E Z Z P V E M A R F X F X H H R
R L H T D E D G W R T M O Z A P R
W P E X T D T Z P R L I G I V S D
S M V Q Q A J Q I U Z E N B Q S J
C A O E W L B C T E M L E H T V K
M Z D I L U Y O G R R Z D A S T K
W A X D I C R R T A V U B N K N T
U J M S L V L B I C V L X D R Y Y
Y P J E T E E M E K I P H L R Y E
I E V L R V C G C S G G I E T Q L
S D K T L Z T E E N H E C B Y G L
N Q H A C J F R K O Y R W A V B E
C S V C R S S R Q P A A L R Z V B
F F E S B B C U T G E A R L R C K
```

PUZZLE 57

```
C W X J V E Y Z J I L N X G E H S
A K S Y K O N O I T A T I V N I F
R C W Y A X S D H S H L Q J D E A
D H F N N G V B N H D N D O Y S X
Y O M D Q U E K J E F W Y W H T C
Y K A C L Y K G F Y I T A F Y L E
P T N S T R E A T O R R J N G Z L
P A P J O Q N U W A Z O F U F W E
A S R X G K B O P D Q J K A N K B
H L E T J U H B O V T E M A G V R
C O M K Y P W O T L B I U J O Q A
C U F G Y B M I O G L D H W C Z T
E A N T L C A K E Y H A T E I I E
W U N J U Z I G N P K A B M E S M
W Y V D F Q J L Z D X G I F T T H
Q U G R L P W T F A O B S V G T W
U N U I W E E I T U E T W U F P E
```

PUZZLE 58

```
I B T P S B C E R U T A N I B V R
N A U R O S L E E P I N G B A G Z
E R V U I U X T B U T R M Q C G M
F B W L A N T E R N E T G U K I L
H E O E R Q A D W X N O M C P L H
I C X E P J I O O G T I R O A A E
P U U Z B O O G A O T I R M C O O
T E R X Q B R P A I R F O P K I Z
L H K C O M M A H U P S R A W S X
W A Q X P X F C H T K U D S W M C
J I T F K O G F O G U U T S Y A Y
F L L S I R E W N A R R B W M T Z
K F A D Y D J I Q F E B U P Z C I
K L L O L G K E D O U P F S A H R
F F Y X V I R J W H G I T W Z E G
W Q M X H B F Q N N R X F U U S U
J H T R S H G E U E G X U J P A M
```

PUZZLE 59

```
W R I V E R Q W L D D C W O H V B
R M C D A J X A P L K W J O H K Y
O G R U N T N H W E A B I S A A X
A Y J P I A V Q P V I G T S S B C
E B W P C D S T E O N V O W G B W
S E U Y T D H S T O N H V O I E X
Q R J E I X R X D U F D W D N L H
R D S R E S E R V O I R H F R L A
F E A T F O E A S J I E X X O L P
Z I U L P S K K E K A L U Z L W U
N M Z Q T T W U X P T O R A Q B D
H E Z R Z B A A N E L H F X D M D
C L E I Q M K E M N L R N X P X L
X A T X W Z W E L P E F L A O R E
M K U M E K E S P T F L C Z E L Y
M P O O L E L J A F K F I S Y C J
Y W Z W K Z L W S S Q U E A K G O
```

PUZZLE 60

```
P I X D P E G A S U S N B N F E I
Y T L N I R Y Y D K L J R V T B K
N R R O Z Y Y E D P H O E N I X O
B O E T N A I G R A C O B S W Z U
Q L J W J W R N K I B L Z H E U D
G L F S X G H E N E P V Q J R L Q
Z F I F N F Z U X T L M I O E E N
J D D A A J F V K A Q P A Q W E L
O Y R X S I H B J G W L R V O E S
W H A S Q P R K F O O D B Y L R F
F T G X R S K Y Q K B D E L F V L
N G O U Z Z F S B R A J Z J F R E
Y H N O X M E R M A I D M I G Z L
U E K Q F R M T D K R J P J L B T
A N T G H G F I E E K T O E N L C
J O Q I L G I C E N T A U R S R A
W C Z P S Z N B M C V R H P S W Q
```

Answers 61-66

PUZZLE 61

PUZZLE 62

PUZZLE 63

PUZZLE 64

PUZZLE 65

PUZZLE 66

Answers 67-72

Puzzle 67

Puzzle 68

Puzzle 69

Puzzle 70

Puzzle 71

Puzzle 72

Answers 73-75

PUZZLE 73

```
W O R J G R H G W H R L R W E I R E E R I S F
X D R U Y I I M O I X Q O A M O N S T R O U S
K R V P R K J R Z K E P S B D R E C X P H N B
P M N Z W S R H E J B Q G L G U C A V B V M Y
D N Y P U I S G N I C A N E M R J R L W Y G S
J I U O F K D T C U Q T L V P R U Y I S E G O
V Y K Y T S H Q J S D K U E T G R E T S T K G
K R I I P E V I L R K M L W B D V E S G F A N
I N I F E Q O M X Z A B N S Y E R U G O A Z I
G N G O D H H J E N I V O R H I C U A S M Q L
L W W H B F G L B R D C J U O A B P S R T E L
R D I I O J Z F R K F I R U P E D O S D Q Y I
O B C Z R S T E J P Y Z S C Z Y R O L E P C H
P L K N D X T Y I R Z F E G W G S M W P Z E C
H O E P A J N L W V H E V F U O V V P Y E C G
L H D A W L P X Y V J A C F B S G X Z L P R Y
C S F B L U X D L U F R D R D V T O H D E E J
C I I I R A Z G X E R S P X E N V I G U Q E X
R D E Z P X R Z R J E O R C T K V K N C K P V
S N G I N N L M E X S M I O N S V L G G F Y O
U E I H E J F L I Y A E L T U A F G P M L C K
I I F Q O V V B J N B N U E A H Q L Z Z B M K
J F S N C B X W L Q G Y K Q H O K W T W L W Z
```

PUZZLE 74

```
E E U P K L A E A B L I R P A C D D L F Y G T
U O C W R G H I L S R T L I T K E G W U V O H
P T E A S E A W Z E X A C V J C T T J K T C J
V W M O X C F M D J Y V O Y P I C Y K O F B G
L O U H J L C U V F T B H P P R E O A Q B O V
R H N T A I D L U N X W V L J T P C O H M F I
F Y F O O G D L J C Q N R Y A V X K Q F O K R
E I F M V H P P L U T P T S W M E B E Q J A Q
D X L D F T N H R L Q W O U L C N Q S O Z X X
P K G L U H T S P A L H T O R O U G K E Q G E
X L B A R E L N K D N M K I U T O E C S S U T
W V S R W A T N Y O X K N R N E S F U N F Y G
G K U E Y R B M K F L V S A E Z X U V D U B N
I E U Z I T O X F A Z W W L P K C P P P N V A
G R O F J E M H C Q N X A I N D B O L E N I M
G B W L E D H I E E V B R H J R T F L A Y T U
L K A Q I I M I R J S T C S D C N D Y W F J S
E K Q P P O H Z H B S I Q W P S I L L Y D R I
C C R A C O U C B K W Z R K P G O L X Y U L N
A M O G N P X N S I R L C P G O G B P Y A D G
W Y Z W E G O H N I U C Q E R O P N I U P Z G
M V P Y I T I N V X M X X D Y U N T G K A S Q
D N I G D M H S T W G C K K B C S H A P V V A
```

PUZZLE 75

```
T O R R A P I S D R O N H F G Z S B Q A E Z B
D S G K C F E E J Q N Y V H C F R L A R E P G
R Q P L E T R E E F R O G B E R R I H B W C I
R I D E Q K C L C E X G R G R G O M H H O T Z
B Y D J T T E S X S I B E K X Z E C L Y W O T
L B O G I O Q N A T U G N A R O X J O S Q C N
E T D V P U E Q T Q M J Y T G P G D S D H K J
M H H A B A V V Y O R Y C M E X F A U A C I Z K
U F R U N O G C S E D K E K F A Q C P F W L A
R D R A M L E I K N L Z Y C N F K V W O S B E
T D U R V U Y N Q G N U S A C U A B D L C E L
Z G U E V D O L S A U S C C O R F L N Y N M G
I N H G M M K Y P R W O G H H S A M L B Q W L
V I G I V K K M U E N Z T E R A D R G I O E S
K S A T Z Z I F T D B L K J M B M V F B R T Q
T L Y G J H O S A L S T P H R E D E W Z Q O N
D O B P C T G T I G K J N B B G T O L K S J G
N T N F D W S M I O I F N A C U O T L E A Q V
Q H A T W Z O B J U L J J V S M F Z N G O F J
J J Y E R G B R M K Q I O Z W Z W Y U W Z N B
P K R I U O E K Q B O S N O J U B A O I N E X
J T U A N B Q R U E C T O M S C R V U D L R R
A N T N P Y T H O N C Z P M R C H C P J A I B
```

Answers 76-78

PUZZLE 76

PUZZLE 77

PUZZLE 78

Answers 79-81

PUZZLE 79

```
H P Q D K A S V U G W V O C P Y O V R W P W C
O C R Z Y G I I O G O S O Y Z L C B K D D Y A
I P E O J I L P Q O N Y T K X D G U J F Z A M
I E D W R H H Y F K Y T I L I B I S I V N I R
T B M I E E A P V Q B Z U G A G M R F F Y W J
N B G R S Y H R E S P O N S I B I L I T Y D N
W E O N J G T R X R I G J R H G W Z M T O F J
G I M H O Q U I E I O O V F E M G U A W G B M
C K J X W R V I C P N D O D F S H K S S P D Z
M M V X A U T J S H U I U P D H C R K D Y P H
J U S T I C E S P E D S S T E V Z U M G O S L
F B Q M R O F S N A R T W G J L Y O E W E P V
B L R T W G C Y X C Z A A Y T K Z I M Z L E P
W A Y S J U G M J Z L R N O Q C G V C C Q E I
F Q G I E K C O S T U M E C Y L J A H N B D W
E I M I N X L X A O K A G N Y I A S I I L A Y
C C R C S G A E C S B F Y T K G X Z Q G P M A
V V B E Z G A B S Z A W A Q A H C B T O I M Z
X N B A C U Z K D Z S D A F G T I N W I A O X
W A P X L Y V D X N S B C N T N N E B Z J V D
X S R Y O V J Z Y J R O O G Z I R W I N Q T V
Q T R H A A N Q L D U M A L R N N N B K U Z B
R N I H K N O K F E A I I K E G G J W H A W U
```

PUZZLE 80

```
R P V B P V G K V X W W A J T Y R A C S W J G
N Y T A N Q I R P J Y N V I X J I D Z M Q R G
O J J G N D H C E T N E L O I V K A O K T U O
A E V O X H K P I U V Y H D B T J A V V Y T X
H A A H D O O B R O Z R L Y E Z Q Z E B W H G
S L M I O I Z B J O U E U R T A Y W C N R L J
U O F K M L N D A R A S R U H H G S K F S E P
O U B D B A V U S P S I T U J M G B B B V S Z
R S J S N N I N B M B M R L X J G U I D L S N
E Z S U Z I X S Z L M S K R M D N V A E D X H
G I E C K M V Y E O Z U P A S Z I I O N L P F
N V P G V I P S L U X O N U N O N D C E S V W
A F S S Y R C R U E L M I F A L E E E M Q Z S
D O X G W C M T W W A O T B S R T D S Y N U Q
H Q U W H W N Z C P W N Y T T R H U E W P E A
W M B H X S I H I T T E I J Y Y G K R K L P V
P R S S T K G V Z J O V P O N V I Z K B C L W
Q J P I A M H B I H J Q V D M T R X I C X I E
F M I F R I T O M L B Y O L P V F R M C V Z W
J P Y L F Z M G N K L B E N J U R I U Y U C M
X J P E W D A B U D R A O R O O G D E T W Q M
F U D S A X R U U K Z C I P H Q I B N R O W T
F X A Z Z C E V U W U O W N F Z F Z X Y P Z X
```

PUZZLE 81

```
U O S T R I C H X Y L Q D H I L C J Z E S F W
X Z B I W X L T L L X W S J P Z G E K H A Y I
G C M P Z E C H K G B X F A J A B T K U P C L
Y M H E P D L B B T U R H X B R D U Q E E F D
O G E W A V V E K G S F I P A K O S P T H N E
L L L Q N F W P U H J J Y E O D T E T C H B
K K L R L O H R S H B C R O C O D I L E M D E
F T E S X O U P M M A D K W G O P F A K S F E
A W Z M R B I H T G B N V R Z U G E A N W M S
J U A U D A K C A H Y W T H W F L D K N K U T
X S G G G B M G V W K L S R O H Y E N A K B F
V W O O Z M O J O Q D V V G K W D G X D C P
C I S R P T N A K K R A V D R A A S M D L G E
K S N W E R G R L R Q K G Y Q Y F G H J S E O
Q V K V L C O G S L O Z N O N N R C C D Z W K
Q E G K T B O N O Q Y T P D B D H Y G N Y H H
W U Q I Y D S N H R B Y S V U Z X V A C X A A
D A K Y R A E K I I I P N I N B E P I T T M S
Y Y R O S A S L B H F L P G V T M C C E N Y L
T Y S T O X F X A G R G L S V I X O E A Z F I
H L R A H X A F N Q F Y W A H O M H U T P H O
G G I V C O V Z E Y J E T C O P C T W A L K N
L E P C J J G S H L M B E B P G A C L F F N T
```

Answers 82-84

PUZZLE 82

```
J T L X S R X N S E L C I S P O P Z T M Q F S
N B E D I S A E S Q G E U P J Y P O R M W C Q
O F R G U N M O Z W P Q B U D O E Q V A K Y
L X Z H K A U H O P Z D I U F B T E B M W M D
E H Z U Z R P S F X V X D I T S Y S I Q O M Q
M S U Q W T P O O L Z D U D R T L L B P Q D D
R M S U N G L A S S E S Y E K J E U S G B A C
E D A X V J B S G P A D D U L G S R K R I O R
T R P E O V J U T M R N C I C Q A I F S E Z O
A E H T R D Q N Z N U O A N R H N M Y L I G T
W J Q P A C D N D H N E M Q E W D Z W X I L J
N L C A H B E Y T U H V P I X B A L C H E E L
L I Z V H G V C E K E E I U O F L Y C M H Y S
A W B M O W S U I Y M Y N Q K T S N O C X I S
N V P L L J R M R J W P G A R J A N D I M R H
B Z E G I S R O O D T U O N Q E A E D N V V L
Y F S M D X D D U H A Q J T L D W W M C Y F R
F P U U A S U N H A T C B I E H E O X I J Z L
T A S V Y P E J G J O R Y P S V K I L P I O N
C A B M K H Z U H V I E T A K H F H O F E R G
U J Q Y R L U U K G P Q M X X H L N K J N D E
I A C D N A J Z H U C E L A B Y J X U N A U W
T U Z E E O W T X Y Z C G Z H S T Z K D V T S
```

PUZZLE 83

```
K Z H Y U X U J S O A B U E L P M E T R Q A Q
O E Y A F D F X O E R S X V F C P B E G Y A L
A S A N D A L S K D V Z V E T O I R A H C O R
V V D R D R J M N Z A A G C D X X W A Y C J D
N K L L V A Y U K N M U L T J N R Z G V X I M
L X Z X L Y D L S L P S S S N V E Z O U C T D
A A Y R W L L O O W R J R A Z F O E T L O K K
U A T I E Y R V O O D Q N E R P A T A O L K S
D O Q I P G X T S Y S J W I B Y U P X O U M
U X H E N N V A O D O X U E M R Q Q B L S E L
S S R C B B I R D L F G S Z O P G E O I S Z A
H Z H W F D I L D A O X M T R C O N Q U E R J
T H R P A W Y I M L P G S P F R S A A B U A V
A E A L F M E M P B S I R S T C E W C J M F V
B O G O K R U L I W H O W Y E L N U O K Q S H
T V X V S A U X D Z R L V E Z G F S A R U D Z
A T V U Y E Y R Q E B W R O M A N S F B R N P
C E R Z C H J S P T K E N F N T I L F A J A M
T M Y R X A O M Q U X N M N L A H Z B V P M V
L L T X U H E H U W H U G P J O A K X B E Z E
I E M K P P W S T F K C J Z I F B M V I L L A
Y H F T J I L Z A H Z X W F Z R D J K C O W H
H M W V N S Q H Q R L X V V U N E Y E L E E T
```

PUZZLE 84

```
M G E U N Z K G R S C E M H I X V T T L W Q A
F R E V N L O Y G L O V C D A T R H E L I Q M
T P O Z O N R N Q Q X A F I M V Q Y U S D N B
P T B Q P L W T C Y R V L M S H J A B X J O I
Y S I A D U G G X N V H I U U E U C T H Z H R
S P X D Z P Y X A J A G V R N F Y I Z H E T F
T A D M T O I T O D J S X E F A P N Y T V B N
W I Q I G U I L T F R L F P L D F T W P R J K
L R B C H O L J O U F A I W O U E H E H P P Y
E E R B N C O I A L A S N O W D R O P T Y O E
A T B T R V R C P G Z R N M E X A X A K J R P
I S K R E E A O R F U L O S R R V X D L I Q V
S I O N O I L E D N A D H Q G T G S M C Q W O
L W M D N M R S C P U C R E T T U B N L A L L
T E L O I V R M J V I R S N C P F T D I Q H L
W B D Q H Y O H W Y W L T Y U Z O Y O D M H E
E Q W V U A A G T R L G H F Q U T Y E O L I B
X N W U T K L P V H M I A U X O C G D F G O E
D D I A N T X I C K M M L G U O A P L F K L U
O V S M R W T H T Z M M U A S X G A U A D Q L
N J G O S I G F L V E K Y M C S X A L D T U B
O T S C D A J C A R D K O C Y O V T Q G N V G
F E D V X Q J H I J T S O W H L Y I B A C R M
```

Answers 85-86

PUZZLE 85

```
N L K G J Y R E L E C Q K S X G L V K F K R O N L K
W F J S N D Q M R C S N U Q P T R L O Q I A E W F J
N J D H O J C E J O Z G E U Y Q Q X N H C B W J J D
R R O Q P H P K Q N A Q P N N Y B L G G D E I R R O
O G X W P P Z B Y R N R I O I Z E O H G M E O D G X
C W L V E D S C A N Q T G D B T P U X H D T K C W L
Y F A P U E U P B C I R D V T M R E S P G R A Y F A
E M J R U S S T O V Z R B U M P K Q S O H O S E M J
J Y I K K A T X E T P U C O M H N Z G T O O Y J Y I
D J A K G Q J Y B X A E M J W W S R F A Q T M D J A
M V P P Q T U Z R Z E M H T B H K O A T C O L M V P
S O V I I Z H L G E O A O A T S R V H O I Y I S O V
V H O N U P N R C B D O S T Q I D H A J R L X V H O
P N A R H N O M W A P V C E N D C V Y H O Z C P N A
G T L U H M G Q J Q B U Z W G A Z E Y C Y C J G T L
T C X T V S Z R S Y C B U X M R X U C A D A K T C X
R J I M T D U H D U U V A U E I Z O G C O R I R J I
J Q B R H Z B M M G Y X O G C O R N V A F R F J Q B
S S K Z S T L B K D I T P G E B R E Q P J O A S R K
E P I W R Z E W A K T N T H I Y J D U U S T H E X I
J I W D F R M S U E W P R A P Q Z M E P O J H J D O
A N M K S W R B M E N Q W B E A P Q C O Z F B A N M
K A L I O Y U R T L A L I E D K D A R O Q W X I O L
N C C A U L I F L O W E R S I G L V K F K R O N L K
W H J S N D Q M R C S N U P T R L O Q I N E W F J
J J D H O J C E J O Z G E U Y Q Q X N H C B W J J D
```

PUZZLE 86

```
I Y U S R M J C M Z S G E I C U C R X G L Q Z E D K
X W J U M P Y D U L Z Y R E T E M O M R E H T Y F H
E F S U D T X Y L I H T G A H G E Z M G E U I S M P
G P L W B U W A G N S Q B U R N G E L X W P U K O V
D E R Y S O B P I R J S I M Q T K F I W M C Q L T L
H Y S T E N K Q O R L X V C D R O S T K J N H A C Y
J E K J O L C S B O E B C J R V D C H O C P D Z B W
Q D E T S P S C S C A T K I B C N I P Y T E F A S U
V R T Q I I M C Q F E X A I T U L D P O U Z N H J R
Y O E F C C W X Y Z B C K W R P V D Z G G L O V E S
C P V S L B F T R N T D X A E P E C Q O M B B S U A
I S C Z E F I R E T C B K E T L V S M W A K K G M Z
P K Z T F T T K J K S B V F S Y I A I N C J R U K X
O D R B P V H I L B N M F J A P K R D T Y Q D C F M
J C B X W M S E I J I A A S L N A A E J N W D K R D
C M L Y U E U B T H M K L L P W G I J T F A J T J D
F Z A Y J I N A G C V O A B B E F L N C S Y O A P L
D W U T P D B T N E M T N I O X M U P K F U M M X J
S V T U U T L S D K O Z A L C O H O L R I Z K B L M
S Q P G P S O D P B C Y Z I N Z L R J E P L Z S S L
G Y H A J P C U Y B J A W T N I H G E Z Y P L M H T
Q V G U X E K F J Y C O P M Q K P Q Y E D A N E G U
K G N Z Z X E D L E W H Q E U I M S F E K O M O R A
J T K E T H U R N M W A R T C T K K R W A V Z G J S
N N I T X O B E L M S O B P E I C S V T D N X K G F
E Q I O S O A P E C W P R O F O X W G P F O G V A R
```

Answers 87-88

PUZZLE 87

```
Z X G S O M C D O C Y Z Y M R E W E X X G T G E P S
V W A E R O I I O I W C B P M A L J N W H C L S T Z
I N A P K I N L B D A Z E Q D D H V Z P G K F F X N
Q Q L E Z Z A G D K Z L Z B L A L V J U T U M N O Z
R C T I N N H N U B J E E N U C Y E L D A L B O H L
Q D U H D I B P S H J C Q N E K A Y W O K L P I M I
Y P D E N U E I C W H Z S B X C M Q L K H S C L X Z
Q S R F D K K D R A O B G N I T T U C K E O F T B Z
Y T H K E W Q Z X L U B D E L E R F H L N A I L Y E
O R B T O A S T E R C V H G S E J L B B T K Y C F K
N R T S W W Q Z M Q O O Y G F O M A A G E E G K T T
I L H V X M C I G R O F R R O R T D V U O T S D P L
E W M K B U J R L E E T I K E Y V K N I F E D C Y E
Y E H F F N M I C T X G T D S R G B L Q V D Y L X U
N I M I A Z A Z K A E W N O F C G Z U S Q O I B H R
U J T R S W W M S R Q E I H V V R L N Z I T V F N N
S R E I I K C L A G L V P N U Z M E S J B R U U A V
L N E R G X X T S B R O G N E V C S W A M F A P S T
P X O V N O O D I W S J N P M V U T B A E I E L T I
P V L O G R P J R G S D I V B K O W G J M C H Y X M
U W Q K P K Z J Z T L G L B T V A F O A U H M C F E
U U J W D S F L J O L T L R X C B V R N A S W F G J R
V K D O Y I A J Y P T F O E T H Z X S S W M M L J E
C Y N S O J J E A A O O R C T W N H F Z H N R W M F
B P W Q H W E M T E I R H O J D U B A X I K L P N G
N U L P L N S I J T H K Y W T X U B Q M T V E P C V
```

PUZZLE 88

```
D Y H G Q Z A Q J Q O S S E U F V T R U O K B A E I
O H H D X P V K K D Q M V E Z A F S M T M X T S Y M
W I N D M I L L N Z S A N Q A A W C J Y D U Z J J M
X O C Q F H Q L L Y K G I F M J F H C Z W I S J L T
X Y O D E K L Q Y R O T C A F H J U A K D H Y E E A
W H M R J J M N A I E E P Y O V X R T P M L D M U T
K E U I X Y P W I D F Q Z W J U F C T A A V C F X M
B K Y X O J U B R Z B V D P J X J H D R O H M D P U
P Q U I M S K Y S C R A P E R P K L D L I B R A R Y
X N G O Z T P S J G G Y M T B P I E Q Y S J Y S I B
W R E W O T E M O I A E E K M S H V F L X B L B J L
S C P W K Z E O M B B M F D X T A D O G A P I B R F
C Y E I D I M A R Y P Q K S A N S A P E N X V F Z L
O O C T L K Z D P L A V H C B U U A H G U L A Q Q U
Z E A L N F J J E F Y E L T S A C M T V Z Q Z I P L
E D L A C F F I G L D L Z R B H E E V Q O P S W T K
R T A P N V E H B E M F E C D K Z X J Z T G J O Y N
Z Z P C C Y A N D T B X H F D Z K M X T A Y V P M D
N U Y L H N V A D O K V O V N D D O F N F I R B N Q
D S Y M R Q G X N H S R U B I Y U P R I S O N O Z Z
B P Q C U L I U I L T V D E K P I K Q W N D M D E N
E W U O V I F F A R O D Y N J P T I U T O S C H U V
O K Z I K A D C U E L O W C J E H H F S V V U X L Q
D C G A L Y O A I C E J H A B P M D Y G G B D C M A
N H M I P O U M T K T B S C H L D Q Z J Z D C E M X
L W M Q T D F B X S N A R B S E F P F K L V Q R I U
```

Answers 89-90

PUZZLE 89

```
B N A G Y O G K H H G E Q B Z H S A U S R O T C A R
E L L R K K Q A C T R E S S Y R Y M K P P A F S C T
R M D A C T C E R R X B F H T L C E E G A P L G U R
O X W L Z O C S Z Y N H L G H V A N X L X U Y E J Y
K S R O X N F E P L A P R Y R G F I T H D M R B A R
Q K A C E U B Z F V F T Y C I N B C L P B B A C T O
O E E I I D X Q M H G P W Q L V U T M C L J T J E F
R K D F Q U V R X G N Y U X L G T D K C Y G N N M K
F U X R N F O I F S I Q S Q E O Q B Q D N U E I B H
A L F Y L T L J M S N K R N R K N C E B F X M B M C
J R Z M C T O P E C I O H V O T Q M Q D A C U S B Y
R N R E U R L I W S A W L R Q L O R C X N G C X J K
S L R P V S V J C Y T R Q O K C A E C Z M G O G F O
J I V U S N I A X W R G B D F S Z Q P M G E D A T U
D S X H T V I C O D E K B S E L T K D C C G N A B S
N W W E V M D F A X T T V R O H A N I M A T I O N V
J L N M N T E N L N L A E X U H X V H M D Z G S I
W Y V T X G R K E S E P Z C G K N P P N J I E A J B
S U P V U O R R Y S U Y S U V J K D O G A L N A B P
E A I Q C F E T O J B R Q D W R L P T C L L A H E C
U F S P B V D B H X W A A O T A E D O R V Y O Y T T
U K O C I A T X W M K C Q R X R N L Z G A J T M I Y
J P B E A X P O C P K S Y P N M C U I K C C M T C H
D Q W I H E A A K M M J G C H A D K A A W L K U K E
Z N B K E R L T L C H A R A C T E R E I R H H S E T
L P Q B U R O M A N T I C G D V F J L T N T C R T K
```

PUZZLE 90

```
S H E P A T I E N T Q J R P P S T E T H O S C O P E
R W M Z I R W T P N O T N P V O G R Q X N M F Y N Q
Z C P H F Y E Y Z W J R R F A Y I B F B X U K D J W
N E G H A S F L J I R O T C O D C B N N Z S R B D Z
D O J X N V M E D I C I N E K Y W F R S T A Y S L G
G X E H K V Q H D O A V G F J G G M Z K D F G E E R
G J J G N P K U D I L X I E T K A R K O Z I M Y A U
R Q N D R D P O P A X I O H S R I A H C L E E H W I
N L R M N U H A W H V U E R J Q M G F O Z M P M O N
L E J D F Q S B U F K R E K E I A L G J B Z X G C J
G C F V C P B C O Z M O N X O M U L C J U S O N J E
B A A N Z L J T Z O B H A Z U P Q M G B E E B O V C
X S Y R I N G E M A O M C A E H A R P L O T Y R B T
K W U M W A B E O Z I Y I O I I I V P W O H G V P I
K J V W A Z T O M N O I T P I R C S E R P V U F W O
R Z N U U E P A A W P I V F C W C R U T C H E S G N
F O H N R R L T B U I I T D Q Q Q C W V J A D S E F
K Z Y M M P I E O D E S B R P N Z T P M A S K C D P
I O K X R O K O H G K A X A H U R U E M C N L J A R
G W T W N N A W Y O N N D W G H L D B I I Q V R L H
D H Q L X I S X S D S M E H Z C O U H L A O A U W S
M I C F Y D X R A U W P S R R O L O B R Y M B F A K
C Y N D R V G Q X R M I M E A F Z X T E X P K L L
X W L X D J E V D A Q U P T N I F V Q D K P V Z F Q
I O I Q O U C P Z M Q S Q C A X A O I P N G D D E K
B P S L I M R K K X S L E E B L V C F E Q E U F A X
```

Answers 91-92

PUZZLE 91

PUZZLE 92

Answers 93-94

PUZZLE 93

```
I C R T C I A X Y S D G M G P V X L S I V U Q I A H
L B W H M D F Q X R L R F A R L I V D I A B Q G B P
V L Y U E N Q C G Y O Y L Q F W C T I K U M Y E D I
Z M F N Z H Y K P Y G E B Q B G V J D X K Y S C O M
Q N D H D N H G S T E Z Y W K Q G F C K D N Y E W C
E D J P N T P J G H S H E E P Z G Z A H E F G K P N
S C Q H S K V F I K E G W I S E M E N C Z A S Y U F
V A X L N I W U Q P A P Z I W R M K N R E J T Q L Z
J M S H A Y J X M C C N H Z I T J I A J N B T G R X
G E V S J J E J F A W H M E L S K S U Q S T A R K R
U L M Q E I F N N A P O F O R N G O E U Z C H J A R
Y J T T Z U M G R C M A R Y A D G H N M X Y V G A N
U D K P R B E W S U Z P U R P N N R B G N G P S R C
Z H G E C L Z K E Z O B F D F O J N X X S N T Y W I
G H A G R E G N A M R J W H N R G T O N S F M B N O
A V F O Y Z D Z R U S A U B O N R Z G S I T P N H Y
X G C E H B A B Y J E S U S L L I U J G G P K M V J
H J S P I J N X L O B Y D E M Q A J K H W E I I Y X
P K Z S N D L D N K H Q I M O R D Y Z S E L T V L G
E X X Q Q J Q N O F P C S Y T C T X E P X C P P W N
S Y K W X C H R R Y M M S E F J P E K X H W T T I
O D N D P C H Q L I L P K J T A W R Y X N G T O J K
J F V X K E T T I B B S Z I F A Z H E A C O V H G I
H P A O G F R L H V R J I C U F B R B E V X D N R D
E Q M D S N I X B B F M X S O Y V L Q K L I T E G Y
W D V N G O B Q N R D N W S I J T F E A Z N B U Y Y
```

PUZZLE 94

```
M S G S C H S Q K Z I S U O P S W L S F F D P X L D
U Q L V H W X U D Q L P D R W O R C E R A C S Y T Q
S O I C E A M P X K B C Z Q A S D E L V T Z E S I D
N W C A E J K Y L R A T Z E X Q R U D L B V N U Y U
M V T A C O R N O A M N S A N T A W A H H R L Q C J
S E D I E J V F C J S S W B V O F R V L T V O I X S
R P U M P K I N K Y E L L O W Z F W V S P K P W P M
D R Q G T R S X B S B N B A D A X U H G Y K Q X N O
B B W G N Y W H A Y E U O O K L H A E T P S B K O Y
L Q W A N I K B B G A V A S R T R Q V B E O O V G M
W Z L G G Z V F A W N B A X B V N P I P E B M B K D
E L K K V I E I Z F P T Q E E L P O E A P P L E R H
H X J G G J W U G I D V K S L X B E N O R W Y L C K
N Q F P I K Q A N S Q W T T D F U G O N G E Z O R M
F W B W J J W E A Q K I K G Y Y E N Z C Y N A I K X
Q R V T W Y C P Z Q I N K M M L J A E O Y M B M X O
L D O O S O G Y R Y K F A T Z I S R X M R Q N X K M
K U M S N V E W X I H W Q H Z L Y O H J U O D E Q I
T T A E T B S O U G A T Y L T B S E K I Y T K W L Q
S U S G J D Z N A I L V M J M R Y R U Q T P S I L G
O R D L J J Z P T W X L G O P T N Y E G S R W L A O H
W K T F W B U B B V O P H B L O K D N N E R X P E T
N E I P B M F M E Q W S M O O R H S U M W A Z Z F F
U Y A P L R D W G P E E G S P I P X P A V I Y V T Z
J N X C S W X Q C B E X R M K J B C D T I N A C P P
H L S S Z V V R T O N F F Q J M B W R C X X N M U S
```

Answers 95-96

PUZZLE 95

PUZZLE 96

Answers 97-98

PUZZLE 97

```
S B E G L M P R E S E R V E M A Z P H A R A O H D K R N Y
E G C X R V Y H O Z N W Z L O U D Q J K T Z U Y E F I E Q
V S G A B P Z S V J O F L Q A E C E W H X C P E E V D L G
A I Q O H I E R O G L Y P H S I H X M Q U V H J G E Z Y P
L M B E I N M D W Q U C P E C X R W C H P J O W N B W F O
S B K A M O Y T D Q P V R S Z H A U N Z A B H M U M M Y I
M J P M R E M M K B X T E T O I D M B Y E E D X K I W R F
G D B E K A Q M R W U G U J K B S A U T R X C B P P A H Z
L T F G E E C S S G A I N G D T U W X I E Y D D H K A S Y
X S E Z T R T S X M L W E F I L R E T F A W Q H X N R O B
Z H I C H L F U I I B P W U Y A X A R A M R F O T U A L K
X U D U K R N L U B K A D O K Q G S O O Q K X C F G W H P
W A R J N S G B T C J F C J P E T A U B B F G G S Z Q J Y
P F U C A R T A P O E L C I P Z R W O B P F T Y M Y E O O
P R H H F W I L C R D J T K H C W Y K F V F S K G D O M J
S I B Y Z S F F R U G E P E H F W P G A A H T I Q V H F I
F C D N S I C K L E R V I A M V F X P Y R A M I D D F T X
F A M D B L V A K N G W E S L P Y E N I L E R I V E R X N
M G Y S E R V V T Q G O Z N M R L M C H K W E Z H G Z F I
G L C M L Z B X E L L E A E T T E E A V N L U F A M R K H
X D A R Y B T Q X O K V G C B S F F I D D R D I W G L Z P
Z C U M Q N F S G D G L C Y V X I C R C C I T Y L C F J S
I M P U S I A Y K V A W M V P R I Y O C O G N H J Q B P G
I O O X G F T Y R Z M Z P G I T U A Q S D V B U T U I P U
F E O J E F P H B G R R W U G B I H Z F J V M Y J H I R Q
Z B X T P O H T H X A V W R Y A K A E W O T C E S N D F S
Q S O I C C P R J H N M O U U J O Y N B R Y T R C Z P L B
C M B V W C B B G T J K O L D R H I M J E C O X V B E O B
B Z N Q Z W U K R V N R P O D N C U Q L F W C Q S J X X Q
E W N A X I Y N I I V K D D G Y P D D M R S O L A H W G Y
```

PUZZLE 98

```
P I C F Q C E F L N S P B O S R L C I S U M N M P V Q I R
Q Z F F U M P W I S V G X N G F F T K N K P U F F P T K C
L H H Y U Z V C X X M M A B S H K U I J R D R W L L L A O
A Y E T W Y A H K O N B I J M T T X Z V V O Y S T T N E J
H E S H S S E H X J P R D N P I Z T O B T B C W J N T I G
K O L C X T O G C U K E I B C G J R R D Y K N P O C I Z F
C C D C K I K T P G R L W K K M E A E Q Q L M N O M G P F
V I I R Y Q W D Y G G W E M P K A P H T E X N Z O P H Y O
D X E R A C D M I L F T T C C O F E Y H Z F F M Y Y T I S
Z W P A T V I G U I T P N E S A O Z N Y W O B Q D B R O G
E F P P P Z M F N Z O P N O R I E S I V V X B E M O L Q
Y R A D U E D W U G D D Q G P M T U F U O O H X L N P L P
X Q W A H P R E S U K I P U P P E T S H T P H Y R Y E L K
T C K G O B G F X B Z U O E Q S T I L T S U Y E R Z Z P Z
W C O C A L J O Q A M A X V A C Q K Z E O T F P X I F C
N B T V N B X H B R K Z J M E A D C J K Z S H S X P C X A
T O P H A T Q Y A X M A T T M M W B C I A G L O H O K A V
D W O G C N N Q E Y V A D P B I C E K M A J H O A B Y N P
M M C L J B F T D O S X N F Q E Y H G V X M B H Y H C W R
Y Y T P L V G D N H N J A C E Q M N V I D R N I K S B O G
L R M H K A A U L N W Z B G E L I C I R C U S M Q B Z L P
K A A H Y H B C H Y L W V A M R N J X T H U V K A T E C X
X A T Y W V X V R B J L S A K R X U B U O L Z L R P U Y Q
S L X U P F F S D O J X G I O D N Y E T K Z A D B O X R U
U P W T D O Z A J H B I L S G Y L B E E V N U D V Y T U S
F G O X H Z Q J Q R C A E X M M T R X U C A K T D Y G I W
E M J O O S K Y E I W S T F Q C X C N I A I S H C E O I K
Y U W P H U F Y A N Q V R R G E P T Y N V E O K F R H R B R
I P W V Q W M N M A D Q W B D D I G B K W X O O I Y W F E
O W Z V X T Z Z H V I O B P Q R O S M W G U U H L E T J T
```

Answers 99-100

PUZZLE 99

PUZZLE 100

Answers 101-102

PUZZLE 101

PUZZLE 102

Answers 103-104

PUZZLE 103

PUZZLE 104

© Copyright (2021) by Beaky and Starlight Ltd. - All rights reserved.

This document is geared towards providing exact and reliable information in regards to the topic and issue covered. The publication is sold with the idea that the publisher is not required to render accounting, officially permitted, or otherwise, qualified services. If advice is necessary, legal or professional, a practiced individual in the profession should be ordered.

- From a Declaration of Principles which was accepted and approved equally by a Committee of the American Bar Association and a Committee of Publishers and Associations.

In no way is it legal to reproduce, duplicate, or transmit any part of this document in either electronic means or in printed format. Recording of this publication is strictly prohibited and any storage of this document is not allowed unless with written permission from the publisher. All rights reserved.

The information provided herein is stated to be truthful and consistent, in that any liability, in terms of inattention or otherwise, by any usage or abuse of any policies, processes, or directions contained within is the solitary and utter responsibility of the recipient reader. Under no circumstances will any legal responsibility or blame be held against the publisher for any reparation, damages, or monetary loss due to the information herein, either directly or indirectly.

Respective authors own all copyrights not held by the publisher.

The information herein is offered for informational purposes solely, and is universal as so. The presentation of the information is without contract or any type of guarantee assurance.

The trademarks that are used are without any consent, and the publication of the trademark is without permission or backing by the trademark owner. All trademarks and brands within this book are for clarifying purposes only and are the owned by the owners themselves, not affiliated with this document.

Produced by Beaky and Starlight Ltd.

Published : November 2021

ISBN: 9798771423029

For more information about the publisher, please visit:

www.facebook.com/BeakyAndStarlight/

ALSO AVAILABLE:

ISBN 979-8561671821

ISBN 979-8754213760

ISBN 979-8557614337

ISBN 979-8569221776

ISBN 979-8575928928

Follow us on

Twitter @BeakyStarlight
Facebook @BeakyAndStarlight

For more puzzles and activities for children

Printed in Great Britain
by Amazon